82歳村上祥子の

人生、ただいま拡大中！

おひとりさまを愉しむ極意

村上祥子

はじめに

つい先日、お嫁さんの誕生日祝いにご飯作りに出かけ、みんなでいただきました。帰り際に息子からちょっと話が……。

「いつまで仕事をするの？　遠方にひとりで住んでいるので……」

とのこと。

「シルバーブームは一時的なもの。ブームは、いずれ終わりがきます。そのときに考えましょう」

と答えてきました。

中年世代が、シニアを気づかってくれるのはありがたいことです。

いっぽう、国は人生１００年時代。

はじめに

「自分のことは、自分であなたらしく、健康に留意して……」

とシニア世代を突き放します。

講演会や、教室、セミナーと、毎日仕事をしています。そこで会うシニアのかたたちは、

「ムラカミに会うと元気をチャージできる！」

とおっしゃいます。

この本は、そのあたりを書いてみました。

PART1「コト」

は、日本の健康・栄養情報の推移ととらえて展開しています。

54年間、仕事をしてきました。今も、客員教授で大学に籍があります。健康・栄養情報は、どんどんアップデートされていきます。昨日の誠は今日の嘘というくらい変わります。

講演会や教室の生徒さんを見ていると、ある時点で得心がいく情報を得ると、その

後はなかなか更新されていないように見受けられます。

　私のなかの情報は、毎年、毎月、新たなエヴィデンスが発表されるたびに、上塗りされていきます。

　新しく学会で発表され、公に認められ、私が皆さまにお伝えしようと思った情報を入れてみました。


ＰＡＲＴ２「モノ」

　調理にかかわる「モノ」のことです。

　調理家電や、鍋の使い方も変わってきています。

　定点（古い知識）で立ち止まっていらっしゃるかたに、

「あっそういうことだったんだ！」

と、腑に落ちる話ができればと思います。

　ＰＡＲＴ２には、シニア層のかたが「あっ、これが欲しかった」と思ってもらえるレシピを添えました。

「おひとりさま」暮らしのシニアは、食べることがおっくうになりがちです。それは低栄養（昔の言葉でいうと栄養失調）と隣り合わせ。

凝った料理やおしゃれな料理はいりません。「電子レンジでチンする」「フードプロセッサーでみじん切り」のような簡単レシピばかりです。できたてはおいしいです。食材は、食べてこそ体をつくります。

PART3「ヒト」

家族や生徒さんとの関わりから、これまで経験したエピソードを紹介します。

私はかっこいいことが大好きです。

いじましいことは大嫌い！

ずっと気取っていたいと思います。

最後までおつきあい、よろしくお願いいたします。

目次

はじめに……2

PART 1 コト

1 80歳を超えてご褒美の20年を愉しむ………14
2 買い物は自分の足ですませる……16
3 困ったら、一晩寝てから考えよう……19
4 ピンチはチャンス！ 食べやすい総菜メニューが出版のきっかけに……21
5 男性もメイクで顔の印象が変わる……24
6 ポスト・イットで働き方改革……26
7 料理研究家は主婦業の達人……28
8 日本型食生活――1日30食品のススメの起源――……30

9 家族の健康を担ってきた「食生活改善推進員協議会」……32
10 炭水化物は元気のもと……34
11 梅干しおむすびのありがたさ……36
12 ワンパターン朝食で必要な栄養素を取れば安心……38
13 玄米・白米ミックス冷凍ご飯で丈夫な体に……41
14 私の元気の秘密は「にんたまジャム」にあり……44
15 野菜の「ファイトケミカル」を活用する健康食……47
16 「冷凍野菜100gパック」で必要量を摂取……49
17 子どもに将来の「要介護」を防ぐ食べ方を教える……51
18 現代料理教室模様 ギョウザの思い出とともに……53
19 たんぱく質の摂取が最優先!……59

PART 2 モノ

1 自分史年表で人生の整理をつける……68

2 ローストビーフ作りはキッチンタイマーを味方につけて……70
3 新聞は読み終わってもこんなに役立つ……73
4 大好きな豆皿でひとり暮らしを機嫌よく……76
5 超簡単！ ムラカミ式圧力鍋の調理法……78
6 圧力鍋で乾燥豆をゆでる……82
7 圧力鍋で牛すじをゆでる……86
8 表も裏もシリコン加工のクッキングシート活用術……90
9 クッキングシート頼みでおいしい焼き魚3種……93
10 お手軽！ クッキングシートで干し野菜作り……97
11 大革命！ 40分で焼ける電子レンジ発酵パン……102
12 ムラカミ式電子レンジ発酵の秘密……107
13 クッキングシートは発酵食作りにも欠かせない……109
14 クッキングシートが大活躍のタマネギ麹作り……115
15 電子レンジ活用のポイントはたった2つ……121
16 ムラカミ流電子レンジ調理 6つのメリット……124

17 電子レンジを選ぶ……127
18 浸水なし！ 蒸らしなし！ おいしい炊き立て「レンジご飯」……130
19 レンチン野菜炒めでカラダとキレイをつくる……132
20 焼いてからレンチンで超美味肉詰め……134
21 ムラカミ式市販の総菜レンチン術……136
22 白米倍速モードの本当の機能……139
23 炊飯器でおかゆも軟飯も上手に炊こう！……141
24 冷凍冷蔵庫をおひとりさま用に買い換えました……143
25 ムラカミ式おひとりさま冷蔵庫術の極意……146
26 2秒で勝負！ フードプロセッサーの威力……149
27 おかゆや軟飯は手軽でおいしいトロミ剤……152
28 おひとりクッキングの調理道具は100円ショップで揃えよう……154
29 超便利！ 私のこだわり調理小物……155
30 ひとりで楽しむひとり鍋のシンプルルール……157

PART 3 ヒト

1 かっこいいことが大好きです……162
2 82歳、79歳の姉妹の健康寿命……164
3 チャンスの神様は前髪しかない……166
4 捨てられないもの・その1……170
5 捨てられないもの・その2……172
6 遠距離週末介護生活で舅から学んだこと……174
7 アメリカ人に日本の家庭料理を教えるコツ……176
8 「頭の中にコンピュータがある」といわれた整理術……179
9 なぜ、ムラカミの資料は大学に寄贈できたのか？……181
10 お礼を申し上げることが人生の道をつけてくれた……184
11 コロナでステイホーム中の「小さな暮らし」とは……187

12 家庭用冷凍食品を活用して1日5食生活……190
13 けいすけおじいちゃん おたんじょう日 おめでとうございます。……192
14 これからも人との縁は続いていく……194
おわりに……196

装丁　横坂恵理香
カバー写真　中西　裕人
編集　鈴木しほり
小川　潤二

Part 1　コト

1　80歳を超えてご褒美の20年を愉しむ

私、村上祥子（むらかみさちこ）、ただいま82歳。現役の料理研究家です。まだまだ元気なので、空からお迎えが来て「あなた、今日が最後の日です」といわれたら、びっくりするのではないかしらと思います。

そんな気持ちのシニアのかたも多いのではないかと、最近、考えるようになりました。健康のために特別なことはしていません。ふだんしている運動といえば、「家事をする」「1日1万歩を心がける」「トランポリンを跳ぶ」くらいです。スポーツジムにも行っていません。足元がふらつく、腰が痛い、体が冷えるというシニア特有の不調はありません。年に1回も風邪を引きません。

ＴＡＮＩＴＡ主催の「糖尿病の予防・改善」の講演会に招かれたとき、ＴＡＮＩＴＡのマルチ周波数体組成計に入り、体の中を調べてもらいました。その透視結果では、「2本の上腿部（太もも）と背中に筋肉が多い」と出ました。

このように体力、筋力があるおかげなのでしょう。私は1日12時間働いても、「疲れた」ということがない人です。

1カ月に8本の新聞や月刊誌などの連載を持っています。原稿を起こすためには、エヴィデンスが必要です。あれこれと調べているうちに、ふと時計を見れば午前1時を指しています。それから3階の自室に戻り、食事を取り、就寝となると、午前3時になることも。

時間栄養学の「生体リズムに合わせて朝、昼、晩、おやつなどを、日中の12時間以内に取れば太ることはない、体調をくずすこともない」という学説を信じていますが、こんな生活リズムではいけません。

人生100年時代です。80歳を超えてあと20年。この時間はおまけの人生。ご褒美にいただいた時間です。

「健康を維持するためには、あれこれ節制して、ストイックに生きる」なんて、小賢しいことは頭の隅に押しやって、毎日、自由に愉しく過ごしたいと思っています。

2　買い物は自分の足ですませる

夫が海外オフィス駐在になったら、奥さんは車の運転ができないと不自由です。子どもの日本人学校への送迎、本社から出張でみえる方たちの空港への送り迎え、買い物にハイウェイを飛ばしてスーパーへなど、全部、自分で運転しなきゃなりません。

それは大変！　でも日本の免許証があれば、現地の試験場で〝Ｙｅｓ　Ｓｉｒ〟とか試験官にいいながら1回りしてくればＯＫが出るとか…とも聞きました。

私は昭和39年4月に結婚し、夫の転勤に備えて、8月に免許を取りました。といっても、指導教官の指示が怖くて胃潰瘍になってしまい、1ヵ月の延長を願い出て、2回目の試験でなんとかパス。

早速、実家の車を借りて、助手席に母を乗せて出発。すると、100ｍも行かないうちに車を電柱にこすり、急ブレーキ！　母は手を突いた途端に、左手の小指を骨折。

「君が車で出かけると考えただけで空恐ろしい。絶対、乗ってくれるな」とは亭主のセリフ。結局それからは、マイカーなしの生活です。

ここで、私のお出かけの様子を紹介します。

パンツにペタンコ靴をはき、帽子をかぶり、コートをはおり、ベルトをキュッと締め、ショルダーバッグをかけ、上手に入れると5～7kgは入る帆布の黒のトートバッグを肩へ。トートバッグの中に、断熱材内蔵の冷蔵冷凍品用バッグ、パンを購入したときのポリの手提げ、デパートの食材入れの厚手フラットの提げ袋、新聞を入れます。

このように、何を持って行くかは歩き出す前に考えます。「あッ、忘れた！」となっては、自分の足で戻らなくてはなりませんから。

ある日の行動

・お墓に参る
・その前に、内裏に声をかけ、ご住職の奥様に私の本を渡す
・プロが行く食料専門店で、ブラックタイガー（冷凍エビ）を買う

・郵便局に寄り、母校の開学百周年記念事業資金の振り込みをする

新規にできた電力会社のビルの前を歩いていて、チラッと見ると、1階のカフェのドアから、偶然、生徒さんが出てきました。うれしくなって、手を振って立ち話。そして、福岡の天神にある岩田屋デパートまで歩いて行って、地下2階のドンクでバゲットを、隣のチーズ屋さんでモッツァレラを購入。地下1階の生鮮食材、魚、野菜、果物、乾物、缶詰を購入。これで15kgの荷物になります。

そのときの写真を、ちょっとお目にかけましょう。

1人で6袋分の食材を歩いて運んだ

3　困ったら、一晩寝てから考えよう

梅干しを食べた後、種を奥歯で割って、中の白い香りのよい核（さね）を食べるのが好きでした。30代後半のある日、いつものようにカリッとやったら、まるで頭に杭を打ち込まれたような激痛が。アイタタタ……とその場にうずくまると、みるみる顔が腫れ上がり、40度の熱が出て、頭を持ち上げるとグラ～ンと揺れました。

ここからが、悪夢の始まりです。

総合病院へ行き、口腔（こうくう）外科、耳鼻科、脳外科……ドクターの指示に従って受診します。「スタンダールの〝赤と黒〟のように、頭を切ってバッグのように持って歩きたいです」と痛みの具合を説明したら、「原因はわかりません。自律神経失調症かもしれません。薬を処方します。調剤薬局で受け取ってください」

ドクターは、私を「ヒステリーの患者だ」と思ったようです。

「患者はあまり正確に症状を伝えないに限る、弱々しくしていなくては」と悟ります。

そして、脳外科でＭＲＩ（核磁気共鳴画像法）を撮ることになり、造影剤の点滴が始まった途端、呼吸困難に。その後、10日間入院しました。ヨードアレルギーが原因でした。「今後、ヨードを絶対使わないように」といわれ、昆布、海藻、寒天、すべて食べられなくなりました。ヨード塩でできているベトナムしょうゆ、ナンプラーもダメ。

「今日も原因がわからなかったな…」と、大学病院の帰り、国鉄のプラットホームで、震えながら考えます。家に入ったら、オーバーを脱がずに上からガウンを羽織り、エプロンをかけ、ウールのスカーフで頭を包み、夕飯の支度。

夫に、育ち盛りの３人の子どもたち、雄の犬も２匹。やもめ暮らしの実父も、散歩がてら立ち寄ります。スケッチしているな、とのぞいたら、「熱にふるえるおかあさん」。「まッ！」なんてこともありました。

熱と痛みもあるのだから、きっと何か病気があるはず。専門の先生に行き当たらなかっただけ。きっと専門の先生にたどりつけて、病名がわかるだろう…。今後のことは、一晩寝て考えよう。

で、病名が判明するまで４年近くかかりました。

4 ピンチはチャンス！ 食べやすい総菜メニューが出版のきっかけに

「虫歯が原因じゃないの？」

　亭主のひとことで、近所の歯科医院を受診。

「見たところ、歯は正常です。かぶせている金冠を取ってみますか？」

　そして外した途端、中から血膿がドーッと流れ出しました。

「これは僕の手には負えません。母校の教授に紹介状を書きますので、タクシーで行ってください」

　こうして行った、大学病院の口腔外科で、今までの体調不良に「慢性顎骨骨髄炎」と病名がつきました。これで、原因は究明できました。

　この話を聞いた、亭主が勤めていた製鉄会社の総合病院の院長先生が、「うちの口腔外科に、大学の先生たちを指導なさる敏腕ドクターがいます」

そこで、大学病院から移ります。20代の頃に抜歯した親知らずの処置が悪く、顎の骨の中の骨髄が化膿していたことが判明。顎の骨に穴があき、副鼻腔（ふくびくう）に化膿が広がり、顔は腫れ、外から押さえるたびに熱が出て、最後は視力もあやしくなり…。で、やっと救われることになりました。

完治するまでに14本の抜歯と計8回の手術、そして4年の歳月がかかりました。

入院している私のそばで、父がいいました。

「そんなにチマチマ手術をしていないで、一度にまとめてやってはどうだろう?」

これをドクターに申し上げると、

「一度に抜歯!? とんでもない! 全身に化膿菌が広がります。それこそ、命取りです。抜歯は一度に4本が限度。歯肉ができて傷が癒えてから次にかかる、という段取りです」

食べることの不自由な4年間でした。

入院中は、病院で治療食が出ます。すべて、みごとなみじん切りです。形が揃っていると、唾液でまとまらず、食塊（しょっかい）（食べ物の塊）ができません。これができないと、食べ物が口の中で散らばり、飲み込めません。

退院した後は、この経験を基に、食べやすく、飲み込みやすいふだんの惣菜作りに工夫を重ねました。

まさに、ピンチはチャンス。この体験が、２００９年の『ハッピー介護食』（中央法規出版）の出版につながりました。

5　男性もメイクで顔の印象が変わる

テレビの日曜討論（ＮＨＫ）を見ていて考えました。自由民主党、公明党、立憲民主党、れいわ新選組、日本維新の会、共産党…。

国会議員のかたたちが並びます。男性も女性も、どなたも美しい。

私もＮＨＫの料理番組に出演するときは、本番前に軽くメイクをしてくれます。メイク室で男性のアナウンサーと同席することも。

民放のバラエティー番組の生放送で、俳優さんたちと出演することも。酒豪の噂が高いかたは、メイクの下にシミやアザが透けて見えます。

舞台に立つ人たちのように、ドーランや水おしろいを刷毛(はけ)でべったり塗らなくても、現代のテレビのカメラ技術では、美しい肌に見えるように撮れるのかな、と考えました。

ことメイクに関していえば、コロナの時代はある意味、よかったと思います。マスクをかけて外出するので、ルージュを塗ることは全くなし。目元と眉をペンシルで整えれば、即、外出ＯＫ。

２０２３年5月に、コロナウイルスが5類に移行。すると、メイクする機会も戻ってきました。

メイクをすることを、「顔をつくる」ともいいます。〝つくる〟とは嫌みな言葉ですが、いい得ているとも思います。

メイクをすると顔の印象が変わります。やりすぎなければ、いい印象を与えます。

男性も、企業のターゲットになってきています。ウイスキー樽材エキス、ウーロン茶エキス、イノシトール、アセチルヘキサペプチドの成分をベースに、３種の香りから好きなものを選べる、男性専用化粧水の広告を見ました。男の人も、肌のギトギトは抑える時代に入りましたね。

私は、「いい香りですね」と、時折声をかけられます。その正体はバラの香りのオーデコロン。本人は、自身のニオイはわからないものですね。村上祥子が発明した〝にんたまジャム®〟を商品化し、販売しているローズメイ社の秋田の工場は、ダマスクローズの生け垣に囲まれています。それにちなみ、私はずっとこの香りをつけています。

6　ポスト・イットで働き方改革

テレビの討論会を見ていると、アナウンサー氏の手元には元原（稿）があります。ニュースのときも…。時間内に話すことを簡潔に、大きな文字ではっきりと書いてあります。これを見て「あっ、私と同じだ」と、うれしくなりました。

メールを送るときは読み返すことができますが、電話ではそうはいきません。ダイヤルボタンを押す前に、Ｂ５版の用紙に大きな文字で用件を①②…と書きます。そして始めて受話器を取り上げ、用件を伝えます。

私はおしゃべりなので、話が飛ぶほうです。メモを用意していないと、相手の声を聞いた途端に、連想ゲームのように別の楽しいことを思い出し、そちらに話が移り、向こうも相槌を打つうちに、肝心の伝えるべきことを忘れる…。その防止策です。

料理教室や料理撮影の準備をするときにも、メモが大活躍！　備忘録代わりのもうひとつの工夫です。

単行本用の撮影などを行う際は、カンタンに貼ったりはがしたりできる糊つきラベル、ポスト・イット（7・5×7・5㎝）に用件を書きます。

撮影の当日は、スタッフ用に印刷したレシピのコピーとともに、「試食用盆を4人分用意／アイロン台とアイロン、霧吹き／洗い場セット（リースの器を使った後洗う、スタイリストさん用）／お昼は冷やし中華／デザートはリンゴのアイスクリーム」

1枚に用件1点、大きな文字ではっきりと。

出勤したスタッフはタイムレコーダーを押すと、メモに従って役割分担よろしく動きます。冷やし中華のレシピ、デロンギ社のアイスクリーマーで作るリンゴのアイスクリームのレシピも添えます。すんだものからパッとはがして、スタジオと私のデスクを隔てる棚の上に貼る。

各自が摩擦なく動ける、働き方改革の方便です。

7　料理研究家は主婦業の達人

福岡にスタジオ兼自宅を建てて、引っ越しをしたのは1989年（平成元年）です。村上祥子料理教室は、大学や短期大学を卒業したお嬢さんたちで溢れていました。講習時間は午前10時～午後1時。働く女性では参加は難しい時間帯です。「料理の勉強をしています」がステータスの時代です。生徒さんが晴れてゴールインとなれば、披露宴に招かれます。お祝いのスピーチも頼まれます。「あなた、料理の先生？それにしては細いですな」と、名刺交換した国会議員のかたたちと円卓に座り、「どんなに花嫁さんが料理に長けているか」を話したものです。

あれから34年。ベテランのスタッフは30年勤務です。

料理撮影は段取りが命。事前に確認することが沢山あります。本日の撮影のポイントは何か。1人前の材料の準備でよいのか。プロセスカットだけ先にまとめて撮影し、完成品はカメラを替え、スタイリストがセッティングしてからシャッターを押すのか…。

スタッフは出勤すると、私が用意した原稿のコピーを並べ替えながら、準備を進めます。撮影がすんだ料理は、試食用に1人分ずつ小皿に盛り、テーブルに運ぶ。お茶も入れる。撮影が終われば、食洗機に使った皿を入れ、生ゴミ、紙ゴミ別に1階の倉庫まで下ろす。掃除機をかけ、固くしぼった雑巾をモップに挟んで床を拭く。

これら、料理スタジオの仕事は、すべてが家事そのもの。

これは、「自分で料理スタジオを持ちたい」と思って私のスタジオに勤め始めた、40代、50代のスタッフを見ていて思います。彼女たちは、「料理が好きだから、子どもの手が離れたら料理を仕事にしたい」と思っていました。でも、私と一緒に仕事をしていくなかで、「自分としては、家事はそれなりにできていたと思っていたけれど、仕事として考えると、まだ甘かった」と気づきます。そして、私や、ほかのスタッフと協力して働き、経験を積むうちに、いくつもの仕事を同時並行で行っていくコツがわかります。

彼女たちの仕事ぶりを見ていると、大きく成長していくのがわかります。機転が利くようになります。臨機応変に、ということです。

つまり、「料理研究家は、主婦業の達人」といえると思うのですが、いいすぎでしょうか。

8　日本型食生活―1日30食品のススメの起源―

私たちは日本人ですから、「日本型食生活」と聞くと、和食だと思いがちですが、実は、これはアメリカ生まれの考え方です。その経緯をお話しします。

１９７７年、アメリカ合衆国の上院議会で「アメリカ人の栄養と人間に必要とされているものについて考えるプロジェクト」の10年に渡る調査の結論が、時のプロジェクトの委員長の名前を冠した答申書「マクガバンレポート」で発表されました。「すべての病気の原因は食べ物に基づく」というものです。この中で、理想とする栄養バランスについて触れています。

１日の摂取エネルギーを１００としたとき、Ｐ（たんぱく質）12％、Ｆ（脂質）27～33％、Ｃ（炭水化物）55～61％と、ＰＦＣの割合を数値化して表しています。

これは「体の組織（成分）のたんぱく質と脂質は主菜、副菜から摂取し、基礎代謝に必要なエネルギーは主食の炭水化物から摂取する」という考え方です。

この割合が、たまたま1975年（昭和50年）の日本人の国民栄養調査の結果と一致していたことから、後に国際的に活躍する栄養学者たちの会合で「日本型食生活」と名づけられました。

1983年、農林水産省の資料に「私たちの望ましい食生活〜日本型食生活のあり方を求めて〜」が出現しています。といっても、発端は「食糧自給率が40％を切るかもしれない」という危機的状況によるものでした。

日本型食生活の根拠となった1975年の国民栄養調査で、生活習慣病（当時は成人病と呼んだ）の疾病率が低かった家庭は、摂取している食品数の平均が27食品ありました。そこに、木の芽やショウガなどの薬味を添えてもらえばメリハリのある献立になるし、数字も収まりがよいと、「30食品」に決定。

これを起点に、健康な食生活を数値で示す「1日30食品のススメ」が出現することになりました。

9　家族の健康を担ってきた「食生活改善推進員協議会」

私は1985年4月より、公立大学法人福岡女子大学に、非常勤講師として講座を持ちました。

福岡県下、健康な食生活に関心を持つ主婦のグループの会合に招かれ、「1日30食品のススメ」を講演して歩きます。そのときの講演テキストのバインダーが手元にあります。演題は「家族の健康は主婦の手で」。これは、国民の健康を保つという大事業を、各家庭に丸投げした感じです。

そのグループがボランティア団体「食生活改善推進員協議会」に組織化され、今日に至ります。食進会（食生活改善推進員協議会の略称）のメンバーは自ら学び、学んだ知識をボランティア精神で周りの人たちに伝え、自分自身の健康な食生活にもフィードバックして、前進を続けるようにと望まれます。しかし、今の日本の家庭には、主婦はほとんどいません。程度の差はありますが、みんな仕事をしています。食進会の会員数は、減少の一途をたどっています。「自ら学ぶように」といわれても、学習の場はありません。

メディアの断片的な報道だけで、指針を決めるのは難しいと思います。

「50年間、継続して食と栄養の場で仕事をしてきた私に手伝えることがあるなら」と、毎年、食生活改善推進員協議会の総会に講演に出かけています。

会長様からの御礼メールを抜粋します。

「前略。先生のエネルギッシュなお話を拝聴し、その話の中から先生の生きる姿勢を感じ取ることができて、大変感激しました。そして、〝元気をいただき、〝ちゃんと食べて、ちゃんと生きる〟目標を、改めて再確認したところです。きっと多くの会員さんも同じ思いだったことでしょう。加えて、先生が長い間研究し、実践してこられた様々な〝極意〟を、惜しみなくオープンにして伝える姿勢には敬服しました。レシピ本は数あれど、生活者の私たちに共感できて、わかりやすい内容で、簡単でおいしい。先生の本が売れるはずです」

褒めすぎのきらいはありますが、お伝えしました。

10　炭水化物は元気のもと

生徒さんから、「『朝は食欲がないから』と朝食を抜いていた母が、緊急搬送されました。危険な状態でしたが、幸い大事に至りませんでした。先生に教わった『体は24時間操業の工場のようなもの』という言葉が身にしみました」というメールが届きました。

そうです。24時間を3で割って8時間。朝食を抜かず、朝、昼、晩の食事で1日3回炭水化物が供給できていれば、元気に動くことができます。生体リズムに合わせた時間栄養学の考え方です。2020年版「八訂日本食品標準成分表」によると、「75歳以上の女性は、1日3回、炭水化物が52gずつ供給できていれば、脳の司令塔は元気に指示を出すことができる」とされています。ちなみに私は、茶わん1杯のご飯（150g）を毎食取ります。これで、炭水化物52g×3＝156gが取れます。

炭水化物の働き

炭水化物は、体内でブドウ糖に分解されてエネルギーを産生します。たんぱく質や脂

ご飯茶わん１杯（150 g）＝234kcalと同じエネルギー量の食材に含まれる炭水化物の量（g）

	目安量	重量（g）	炭水化物（g）
ご飯（うるち米）	茶わん１杯	150	51.9
コンビニおにぎり	１と１／２個	150	51.9
ゆでうどん		240	46
冷凍うどん	１個	200	38.3
蒸し中華めん		120	30.2
ゆでスパゲティ		150	42.8
ゆでそば		190	46.6
角型食パン（６枚切り）	１と１／２枚	90	39.8
バゲット		90	52.4
ロールパン	３個	75	36.5

質に比べて分解や吸収が早く、摂取後、速やかに利用できるエネルギー源です。脳や神経組織、赤血球などは通常、ブドウ糖しかエネルギー源として利用できません。

炭水化物を多く含む食品

穀類、イモ類、砂糖など

１日の目標量は成人男性、成人女性ともに、エネルギーの50〜65％。

つまり、目標量が１８００キロカロリーの場合、炭水化物で摂取すべきなのは９００〜１１７０キロカロリー。

炭水化物１g＝４キロカロリーなので、１日２２５〜２９２・５gの炭水化物が必要。上の表を参考にしてください。

11 梅干しおむすびのありがたさ

２０１５年、東京の西麻布にあった料理スタジオは、20年の歴史の幕を下ろしました。２０１４年に夫が旅立ったこともありましたが、メディアの潮目が変わったことも理由です。月刊誌や書籍など、活字媒体の勢いがどんどん衰えてきたと感じていました。

「これからは地元に恩返しのとき」と思い定め、福岡のスタジオを改造。動力線を引いて、〝20台の電子レンジを一斉に稼働しても、ブレーカーが落ちない仕掛け〟を作りました。

皆さんが食材の温めばかりに使っている電子レンジを上手に活用すれば、高齢者でも１人分２人分の料理はカンタン。そのテクニックを伝える料理教室が開けたら、と思ったのです。

その教室は、４人で1班、４班構成です。1回のレッスンで16名が受講。

材料は１人分。作り手は受講生各人。私もスタッフも手は出しません。各人、自分で考えて作ります。できた料理はその場でいただく。持ち帰りも自由。食材を洗うなどの下ごしらえや、使った後の食器洗いは、私とスタッフがいたします。

予想を超える繁盛クラスになりましたが、コロナのパンデミックで休業。現在、このクラスはありません。

話は変わりますが、西麻布スタジオをクローズした後、東京の仕事の依頼があると、飛行機で東京に向かいます。日程を相談して、1日で5社くらいまとめて打ち合わせ。場所は京急線で羽田から15分の品川プリンスホテル、メインタワーのコーヒーラウンジで。コーヒーを飲みながら、入れ替わり、立ち替わり、打ち合わせをします。そのための資料や書籍もバカにできない重さです。

東京へ行く日の朝、茶わん1杯（150g）のご飯で、梅干しおむすび2個（252キロカロリー）を作り、カバンに入れます。脳栄養の元、ブドウ糖の補給のためです。

打ち合わせが終わると、18時に羽田に向かい、最終便で帰宅。

飛行機が遅延したり、台風で飛ばないときのための〝保険〟で持っている梅干しおむすび。持ち帰ることも多いのですが、梅干し入りですから傷むこともありません。持ち帰った日は、夜食として、自宅でチンして食べています。

12　ワンパターン朝食で必要な栄養素を取れば安心

朝起きたら、まず**ムラカミ特製ミルクティー**を飲みます。

❶３５０㎖容量マグカップの８分目まで水を注ぎ、ティーバッグを１個ポン
❷ラップはかけずに電子レンジ６００Ｗで２分チン
❸マグカップの柄を持って取り出し、ティーバッグを捨てる
❹冷蔵庫から出した牛乳をカップの８分目まで注ぎ、飲み頃の温度にする
❺「大人のための粉ミルク」をスプーンにこんもり２杯、きび砂糖スプーン１杯、アマニ油小さじ１杯を加え、飲み干す

これでやっと目が覚めます。

次は3階の自室から、倉庫や駐車場のある1階まで降ります。出勤してくるスタッフのため、駐車場の門を開け、出入り用の小門も開け、新聞を取り、夜半収集用に出して

おいたゴミ箱（ポリペール）２個と、犬やカラスが漁らないように重石代わりにのせていた漬物石を一緒に撤収。倉庫に片づけます。

その後、３階まで戻り、手を洗って朝食の準備です。仏壇のお水を取り替え、ろうそくを灯し、お線香を上げ、ひとこと挨拶をしてろうそくを消す。

そして、朝食に取りかかります。

朝食に同じおかずが続いてはいけないとか、たまには変わったメニューもという考えはなし。朝食は、「眠っている間に空っぽになった胃袋に、必要なエネルギーを送り込むこと」が目的。

いつものお品書きは

①**発芽玄米**　玄米・白米ミックス冷凍ご飯１５０ｇ（42ページ）を電子レンジ６００Ｗで３分チン

②**温泉卵**　10個分、まとめ作りしたもの。冷蔵庫から出して、小鉢に割り入れる

③**納豆**　１パック（35ｇ）に、冷凍刻み小ネギパラリ＋添付のタレ

④**凍ったまま使える「冷凍野菜１００ｇパック」**（49ページ）と**たんぱく質食材50ｇパッ**

ク　器にあけ、3分チン。そこに水120㎖と液みそ小さじ2を加えて、2分チン

⑤にんたまジャム®（44ページ）　小さじにこんもり1杯

「ムラカミの朝ご飯とかけて何と解く？」

答えは「これで安心！」。

一日、仕事を始めたら、食べ忘れそうなものは朝食でとっておきます。大人のための粉ミルク、アマニ油（血液サラサラ効果）、牛乳、野菜100g（食物繊維、マグネシウム、カリウムの補給）、卵（認知症予防）、納豆とみそ汁（発酵食品）、にんたまジャム（免疫力キープ）。

これで、1日に必要な安心状況作りです。朝食は楽しみでもありますが、精神安定剤も兼ねています。

13 玄米・白米ミックス冷凍ご飯で丈夫な体に

小学校低学年の子どもたちと開いた「おにぎり、みそ汁クラブ」で話した内容です。明治の初め、東京大学医学部の前身を作るためにドイツからやってきたベルツさんというお医者さんは「日本人は肉を食べないのに、なぜこんなに体力があるのだろう？」と、驚いたそうです。その頃は車の代わりに人力車を使っていました。人力車を引く車夫はみそをつけて焼いたおにぎりの弁当だけで、毎日40㎞以上も走っていたそうです。

現代の栄養学からみても、米は脳や体の組織が使うエネルギーを生み出す炭水化物が豊富です。

学校給食で学んだ3色のグループでいうと、（黄）のグループ。みそ汁のみそは、大豆を原料に作られるたんぱく質（赤）のグループ。そして、みそ汁には野菜をたっぷり加えます。これは食物繊維、ビタミン、ファイトケミカル（緑）のグループ。つまり、おにぎりとみそ汁で、３色のグループが全部取れます。

昔の人は、麦飯と野菜のみそ汁の食事をしていました。人間の体をつくるためには20種類のアミノ酸が必要です。このうち9種は、人間が体内でつくり出せない必須アミノ酸。そのうち、米にはリジンとスレオニンという必須アミノ酸が欠けていますが、みそには入っています。だから、両方を一緒に食べると、丈夫な体ができます。

こうして、肉を食べない日本人でも、ドイツ人のベルツさんが驚くほどの体力をつけることができたのですね。

では、ムラカミの**玄米・白米ミックス冷凍ご飯の作り方**です。

[用意するもの＝150g入りふたつき耐熱容器6個]

❶白米1合は洗ってざるに上げる。発芽玄米2合はざっと水をかけてざるに上げる
❷炊飯器の内釜に①を入れ、水を3合の線より少し多めに入れる。玄米を使っているので15分おく
❸倍速モードで炊く
❹炊き上がりのご飯は945g。レンジで使えるふたつき容器に150gずつ詰め、熱

いうちにふたをして蒸気を閉じ込め、冷ます

６個分の容器に詰めると、45g残ります。これは、その場で私のおなかの中に。容器が冷めたら冷凍庫で保存します。

温めるときは、冷凍庫から容器を取り出し、ふたを少しずらしてのせ、電子レンジ６００Ｗで3分チン。再加熱した玄米ご飯は、炊き立てよりさらにおいしくなります。

これで、ギャバ（血圧の上昇を抑えたり、睡眠の質を高めたりするとされる。アミノ酸の一種）も獲得できます。

14 私の元気の秘密は「にんたまジャム」にあり

食料調達のために街に出て、信号待ちをしていると、「ムラカミさんでしょ?!」と、声がかかります。「いつもお元気そうですね!」。そうです。見かけは小さいのですが、発熱することもありません。風邪で寝込んだ記憶もありません。

その秘訣を強いて挙げれば、朝晩、ティースプーンにこんもり1杯の「にんたまジャム®」を取ることくらいかな。

乳製品が大好きというのも、プラスに働いているかもしれません。

にんたまジャムの作り方

[材料=できあがり460g分(大さじ25)]

タマネギ500g(正味)/ニンニク100g(正味)/水100mℓ/砂糖60g/レモンのしぼり汁大さじ2(30g)

［作り方］

①タマネギは皮をむき、上側と根を切り落とし、十字に4等分に切る。ニンニクも皮をむく

②耐熱ボウルにニンニクを入れ、タマネギをのせ、水を注ぎ、両端をあけてラップをし、電子レンジ600Wで14分加熱

③汁も一緒にミキサーに移し入れ、砂糖、レモン汁を加え、滑らかになるまで回す

④耐熱ボウルに移し、ラップをせずに電子レンジ600Wで8分加熱

にんたまジャムの保存法

※熱いうちに完全に乾燥している瓶に移し、ふたをする。冷蔵で1ヵ月保存可。3～4日であれば、小瓶に移して常温携帯もOK。冷凍では2ヵ月保存可

※このジャムは糖度が低いので、常温で長期保存するときは加熱殺菌を。瓶にふたを軽くかぶせて鍋に並べ、瓶の2／3の高さまで水を注ぎ、火にかける。煮立ってきたら中火で20分加熱。取り出してふたをきつく閉める。半年間保存可

にんたまジャムの健康効果

❶ニンニクやタマネギを食べると、副交感神経が刺激されて末梢の血管を拡張させます。血液が全身に流れ、手や足の先から首まで温まります

❷にんたまジャムを常備してこまめに取ることでむくみが取れ、体重が減り、ダイエットにつながります

❸にんたまジャムの成分は、人間の体のもつ抗酸化作用という能力を積極的に働かせ、アンチエイジングに有効です

❹タマネギに含まれるオリゴ糖は、ビフィズス菌のエサとなり、腸内環境を整えます

❺血糖値が下がり、糖尿病と高血圧の予防・改善になるといわれています

15　野菜の「ファイトケミカル」を活用する健康食

コロナ禍で、料理教室もセミナーも、文部科学省の「つながる食育」で決まっていた小・中学校への出前授業も、すべてキャンセルになりました。

自宅で、ひとりで食事をする日々。そこで、簡単で栄養がバランスよく取れる1人分の食事について考えました。

私たち人間は、エネルギーを使うたびに活性酸素を産み出します。活性酸素は、ガソリン燃料で走る自動車でいうと、排気ガスのようなものです。この活性酸素が体内にたまると、遺伝子を傷つけ、発がんの引き金になったり、糖尿病、高脂血症、脳卒中、心筋梗塞などの生活習慣病を引き起こす原因になったりしります。

その活性酸素を打ち消してくれるのが、野菜の健康パワー、ファイトケミカルです。これは、植物が外敵や紫外線などから身を守るためにつくり出した、天然の機能性成分（健康によい成分）です。植物の色素や香り、苦味や渋味などがそれにあたります。

機能性成分・ファイトケミカル
活性酸素から体を守る野菜の健康パワー

アメリカ国立がん研究所が発表した
デザイナーフーズ・リスト

にんにく
キャベツ　甘草
大豆　生姜
セリ科（にんじん　セロリ　パースニップ）

たまねぎ　ウコン（ターメリック）　お茶
柑橘類（オレンジ　レモン　グレープフルーツ）
なす科（なす　トマト　ピーマン）
アブラナ科（ブロッコリー　カリフラワー　芽キャベツ）

メロン　バジル　タラゴン　カラス麦　はっか　オレガノ　きゅうり
タイム　あさつき　ローズマリー　セージ　ジャガイモ　大麦　ベリー

重要度が高い

　そもそも、ファイトケミカルは1990年にアメリカ国立がん研究所の「デザイナーフーズ計画」において、「がんの予防効果がある食品に含まれる有効成分」として注目されたものです。

　ムラカミの「タマネギ氷®」も「にんたまジャム®」も、タマネギやニンニクの持つファイトケミカルを有効活用するために考案しました。特許庁に申請、受理され、現在®がついていることからわかるように、㈱ムラカミアソシエーツの登録商標になっています。

16 「冷凍野菜100gパック」で必要量を摂取

「個食時代のレシピは簡単、手抜きでいい。でも必ず食べる」を心がけています。

16時間、自宅2階のスタジオで撮影を続け、3階の自室に戻った後は、いくら料理大好き人間の私でも、「今から野菜を切る?」「いや、ごめんこうむりたい」気分です。

そこで、考えました。下準備をしておけばいいいんだと。

1人分冷凍野菜100gパックの作り方

①冷蔵庫に入っている野菜をすべて出す
②種やへたは除いて一口大に切る
③Sサイズのフリージングバッグに、野菜100gずつを入れて、ジッパーを閉める
④冷凍する

これで完成です。

1人分冷凍パックの料理のルール

①凍ったままの食材を、耐熱の容器（マグカップや電子レンジ対応の樹脂のお椀など）に入れる
②調味料（液みそやカレールウなど）を入れる。水120㎖を注ぐ
③ラップはかけずに、電子レンジ600Wで5分加熱する

これで、具沢山みそ汁やカレーの完成です。

野菜は、成人1日あたり350gが必要です。「1人分冷凍野菜100gパック」を朝・昼・晩食べると、あと50g不足するだけ。残りは、キュウリのぬか漬けや白菜漬けなどで補ってください。

ちょっとわが家のフリーザーをのぞいてみましょう。赤ピーマン、緑ピーマン、橙パプリカ、ナス、タマネギ、キュウリ、セロリ、小ネギなどの冷凍野菜100gパックが見えます。

野菜100gに、たんぱく質食材50gを足したパックもあります。そちらは豚肉、ゆでタコ、サバの水煮缶、殻つきあさりなど、おかず作りであまった食材を加えています。

17 子どもに将来の「要介護」を防ぐ食べ方を教える

赤・黄・緑 3色の食べ物

日本の学校教育は子どもたちの「生きる力」を育てる方向に舵を切っています。

学校給食でも、すでに「年を取っても要介護にならない食べ方への取り組み」が進められています。子どもたちが命の灯火を灯し続ける助けになる「**赤・黄・緑の3色の食材を摂取する**」が、無意識のうちに身についていくように、文部科学省でも、学校、子ども、家庭で意識の共通をはかっています。いい換えれば、「みんながつながる食育」です。

赤＝血や筋肉の元になるたんぱく質食材。肉、魚、卵、乳製品、大豆とその加工品など

黄＝体の中で糖質に変わり、血液にのって全身をめぐり、エネルギーを供給する炭水化物食材。ご飯、餅、うどん、そば、パンなど

緑＝腸活の原点になる食物繊維の供給源で、体を整え、代謝を助けるビタミン、ミネラル、ファイトケミカルを含む食材。野菜、フルーツ、海藻など

栄養バランスガイド

あなたの食事は大丈夫？

日本人なら90％以上の人が学校給食を食べた経験があると思います。いくつになっても３色の食材を意識して食事を取れば、およその目安がつかめます。これで、健康寿命を保てます。

健康に生きていくための三本柱は、運動、睡眠、食事。１日３回の食事は12時間以内に収まっていれば、おやつを何度かつまんでも、ＢＭＩ（肥満指数）は25未満（普通体重の範囲内）で収まるといわれています。

１日を３で割ると8時間。８時間の睡眠を取り、８時間仕事をし、８時間を自分のために使えば、ストレスの少ない生活を送ることができるとも。自身の猛烈な仕事ぶりへの自戒を込めてお伝えしました。

18　現代料理教室模様　ギョウザの思い出とともに

ある日の村上祥子料理教室の様子を、**ギョウザの作り方**とともにお伝えします。以前は、包丁で野菜をみじん切りにしていましたが、今は便利な器具があります。フードプロセッサーを使う作り方を紹介します。

【20個分の材料】　ギョウザの皮1袋（20枚）に豚ひき肉１００g、その１・５倍の野菜１５０g（キャベツ、タマネギ、ショウガ、ニンニク）

【作り方】

①フードプロセッサーに2枚刃をセットし、ざく切りした野菜を入れ、２本の指で塩ひとつまみを加え、２秒間回す

②破れにくいキッチンペーパーに移し、透明のボウルの上でしぼる

水気は、ボウルの底に１㎝ほどたまる程度。ギューッと力任せにしぼるのではありません。

③野菜をボウルに移し、豚ひき肉を入れる。片栗粉大さじ1、しょうゆ、酒、砂糖、ゴマ油各小さじ1、コショウ、粉山椒、一味トウガラシ各少々を加えて混ぜる

④左手の4本の指の上にギョウザの皮1枚をのせ、上方1／3枚分に指で水を塗り、中央の1／3のスペースに❸の肉あんをこんもり小さじ1のせる。手前の1／3のギョウザの皮を持ち上げ、奥の端と張りつける

奥の皮を、右手の指でひだを3ヵ所作って合わせると、赤ちゃんのおくるみのようにふっくら。

生徒さんの近くに行って、包み方の実演を8回行いました。生徒さんはスマホを出して動画に収めます。これで、誰でもギョウザ名人。

「お母さんの包み方にそっくり」「昨日、息子にギョウザの包み方をダメ出しされたところです」なんて声をいただきます。

次に、焼き方を説明する前に、教室の様子を少しお伝えします。村上祥子料理教室では、テキストの最後にアンケート用紙をつけます。出す、出さないは生徒さんの判断で。

姑や実の母と同居している人は珍しくなりました。そのため、普通のおかずの作り方を尋ねる先がありません。

「ここでしょうゆを足してよいですか?」「肉豆腐が大変おいしかったです。教室では水で煮ていましたが、出汁を使うとしたらどれがいいでしょう?」などの質問がきます。

答えはＰＣが使える人にはメールを送り、スマホの得意な人には用紙を写メして添付。ＦＡＸで回答することも。それもだめならコピーして郵送。


あるとき、「パサつかないギョウザを教えてください」と質問が。「よし、今日はギョウザを作るぞ!」と張り切って、うまみ成分のひき肉はたっぷり入れて、の結果がぱさぱさギョウザになったのだと思います。

そこで、翌月の教室で実演レシピとして取り上げました。おいしく焼くコツを、次に説明します。

①直径25㎝のフライパンの底の手前側にサラダ油大さじ1をたらす。火はつけない。

フライパンの油の上にギョウザの底をつけ、ツーと滑らせてフライパンの縁に置く。
これをくり返し、20個並べる

②火にかける、ではなく、このフライパンにラップでふたをして冷蔵庫に入れる
ここまでくれば、後は焼くだけです。

小学校で授業参観のある日は、夕食をギョウザに決め、準備してから出かけていました。

わが家は3人の子どもがいます。食べる数も半端ではありません。

みんなが同じ小学校に通っていたときのこと。1年生の教室をのぞいて「お母さん、来てるよ！」と手を振り、3年生の教室に。それから6年生の教室をのぞいて、母親をチラチラ見ている息子をキッとにらんで「授業をちゃんと受けなさい‼」のサインを送る。そして、わが家に戻り、夕飯の支度の時間になったら、調理を開始。

③冷蔵庫からギョウザのフライパンを出して、強火にかける。2～3分たったら1個指

でつまんで底の焼き色を見る。まだ薄いなと思ったらフライパンに戻す。4〜5分後、ギョウザの底がこんがりきつね色になっていたら、水1/4カップを注いでふたをのせ、強火で加熱する

④ふたの隙間から蒸気が出始めたら、ふたを取り水分を飛ばし、フライパンの柄を持って前後にゆすってみる

⑤ギョウザがスルスル動いたら、焼き上がりの合図。フライパンにすっぽり入る皿をかぶせ、左手で押さえ、右手でフライパンの柄を持って返し、皿に移す

⑥溶きガラシ、酢、しょうゆを添えて食卓に運ぶ

子どもが小学生だった頃は、「めでたし、めでたし、これで終了」とはいきませんでした。育ち盛りの子ども3人に大人2人。20個のギョウザじゃ、喧嘩の種を作るようなもの。ですから、いつもフライパン3個に仕込んでから、学校に行きました。

ひとり暮らしの今は、ギョウザの皮2袋で40個のギョウザを作り、その日いただく分は油を引いたフライパンに並べ、残りはバットに並べて冷凍庫へ。凍ったらバットをト

ンと調理台に打ちつけてギョウザを外し、10個ずつ（1人で一度に食べられる量）ポリ袋に入れ、口を閉じて冷凍します。1カ月、保存可能です。

おだしの水ギョウザもおいしいですよ。

①ミルク沸かし鍋に熱湯を沸かし、凍ったままのギョウザを入れてゆでる

②小鉢に取り、和風だし小さじ1／4、薄口しょうゆ、酒各小さじ1、熱湯100㎖で吸いかげんのつゆを作り、ギョウザの湯を切って加える

19 たんぱく質の摂取が最優先！

たんぱく質は食べ貯めできない！

食事を取ることは大切です。とりわけ大切なのが、たんぱく質。以下の3点を心に刻んでおきましょう。

●年とともに筋肉の分解速度が速くなる
●50歳をすぎると、20代の頃と比べて、代謝も吸収も80％まで落ちる
●毎日3食、たんぱく質を食べる

炭水化物（糖質）は、所要量以上食べたときは脂質に変わり、皮下脂肪として蓄えられますが、たんぱく質は食べ貯めができません。

体重50kgの成人女性で、アミノ酸プール（血液と筋肉中で、ほかの物質と結合していない状態で存在するアミノ酸）に入るのは、8時間おきに約25gとされています。それを超えた場合はアンモニアに変換されます。アンモニアは有毒で、体内で尿素に変換さ

れ、尿や便で排出されます。

だからこそ、3食コンスタントにたんぱく質を取ることを意識する必要があります。

体におけるたんぱく質の役割

私たちの体は、約10万種類ものたんぱく質で構成されています。たんぱく質はアミノ酸が多数結合した高分子の化合物です。ヒトの体を構成するアミノ酸は20種。その種類や量、組み合わせによって、性質や働きの異なるたんぱく質がつくられるのです。

たんぱく質は私たちの体の骨格筋や筋肉、皮膚、毛髪、内臓、血液、ホルモン……、あらゆる組織を構成する材料となります。血色がいい、髪につやがある、歩く速度が速いなど、外見のキレイや若さ、元気は、たんぱく質がもたらしています。

どの組織のたんぱく質も、分解と合成をくり返しながら一定量を保っています。食事でとったたんぱく質も、体のたんぱく質と同様にアミノ酸に分解され、アミノ酸プールに入り、新しいたんぱく質の合成に利用されます。

スタミナがあるということ

スタミナがあるということは、たんぱく質が体に必要な分、摂取できていることを意味します。

たんぱく質は骨、筋肉、皮膚、内臓、血液、爪、髪の毛など体の元になりますが、50歳を過ぎる頃から、その分解速度が速まります。そして、「たんぱく質の摂取量が少ない女性は、フレイル（足腰の筋肉が落ちて骨がもろくなり、運動機能が低下し、日常生活に支障をきたす状態）の人が多い」と、研究でわかってきました（62ページ参照）。年齢を重ねるほど、意識してたんぱく質を取る必要があります。

たんぱく質の必要量は、体格や活動量で異なります。買い物や、ときどき軽い運動などを行う程度の活動量の場合、1日に必要なたんぱく質の量は体重1kg当たり約1・0gが目安といわれてきました。しかし、低栄養（いわゆる栄養失調）やフレイルを予防するためには、もっと多くのたんぱく質を摂取したほうがいいとわかってきました。

たんぱく質の必要量は？

61ページで申し上げたように、過去40年間、日本では体重1kgあたり・たんぱく質1gを摂取するのが目安とされてきました。

しかし2013年に、血のつながる祖母・母・娘の女性3世代7千世帯・合計2万1千人の食事の記録を分析した結果が発表され、「たんぱく質はもっと多く摂取したほうがいい」とわかりました。

それによると、65歳以上の高齢女性のうち、たんぱく質を1日70g以上とっている人は、フレイルになり

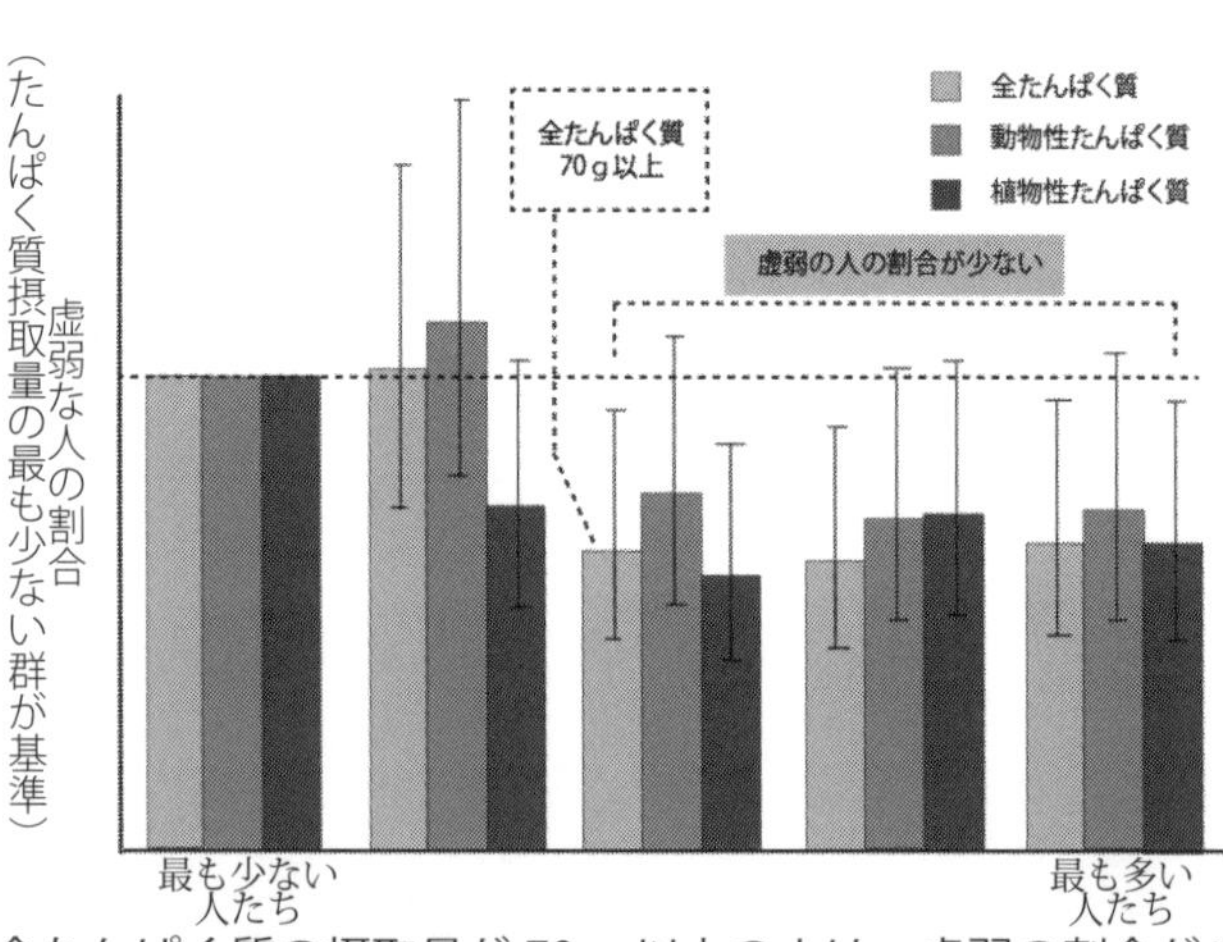

全たんぱく質の摂取量が70g以上の人は、虚弱の割合が少なかった。動物性・植物性による違いは見られなかった。

たんぱく質摂取量と虚弱の関連（女性3世代研究） 2013年
独立行政法人国立環境研究所 東京大学大学院医学系研究科 客員研究員 児林聡美氏
※参考文献 Kobayashi S, Asakura K, Suga H, Sasaki S. High protein intake is associated with low prevalence of frailty among old Japanese women: a multicenter cross-sectional study. Nutr J 2013; 12: 164.

1日あたりのたんぱく質の目標摂取量

50～64歳	68～98g
65～74歳	69～93g
75歳以上	62～83g

※厚生労働省が策定する「日本人の食事摂取基準（2020年版）」より。身体活動レベルが普通の女性の場合（通勤、買い物、家事、軽いスポーツができる程度）。

にくいことがわかったのです（右のグラフ参照）。

ここから換算すると、体重1kg当たり、たんぱく質は1・5～1・6gになります。

体重50kgの人で、1日のたんぱく質摂取量の目安は、50×1・5g＝75g。1日3食取るとして、1食あたり25g。これはたんぱく点数でいうと、約4点です。たんぱく点数とは、52ページで紹介した〝栄養バランスガイド〟（厚生労働省・農林水産省）の①の主菜のグループで、卵1個（50g）に含まれるたんぱく質量6gを1点とカウントすることによる点数です。

毎年実施される、国民健康栄養調査のデータによると、ご飯など炭水化物の3食や副菜の野菜などから、1日18gはたんぱく質が取れています。しかし、これはカウント外として、1食あたり、主菜で3～4点

（18～24ｇ）のたんぱく質の摂取を目安とします。

63ページの表は、低栄養やフレイルを防ぐための、1日あたりのたんぱく質目標摂取量です。主菜で1食あたり、18～24ｇほどをとっていれば、主食や副菜による摂取分もあるので、目標を達成できると思います。

1日75ｇのたんぱく質を摂取するために

1日75ｇのたんぱく質を摂取できるように、私は心して食事をとっています。たんぱく質75ｇを、ムラカミが食べている食材に換算すると、

・卵……2個
・鶏ムネ肉（皮なし）……100ｇ
・青魚（サバで計算）……80ｇ
・大豆ミート（乾）……10ｇ
・木綿豆腐……100ｇ
・納豆1パック……（40ｇ）
・牛乳1カップ……200㎖

の合計になります。１日にこれだけの量のたんぱく質をとって、筋肉の衰えを防ぎたいと思います。

なお、骨や関節はいったん衰え始めると回復が困難なのに対して、筋肉は80歳からでも１～２ヵ月で増やすことができる、と研究で証明されています。

82歳の私が元気な生活を続けるために心がけていること

私が、体に必要な栄養を無理なく取り、元気な生活を続けるために心がけていることは、次の７つです。

①筋肉を増やす
②骨量を減らさない
③免疫力をアップする
④炭水化物でエネルギーを補給
⑤乳製品でラクトフェリンを取る

⑥酢は最低でも毎日大さじ1杯
⑦発酵食品を取る

こうして筋肉を増やして、ロコモ（ロコモティブシンドロームの略。足腰が衰えて要介護のリスクが高まっている状態）を予防して、

「昨日より今日の私のほうがバージョンアップされている」

と思えるほど、元気な生活を送っていきたいと思います。

Part 2　モノ

1　自分史年表で人生の整理をつける

私は「かっこいいこと」が大好きです。

いじましいことは大嫌い！

最後まで気取っていたいと思います。

最近、書き物の依頼が増えました。ほとんどが、実生活を語るだけですが。82年間も生きてきましたから、記憶の配線は相当こんがらがっています。そこで、「自分史年表」を作成することにしました。

Ａ３の大きめのコピー用紙を用意しました。

Ⓐ西暦／和暦／年齢／私的事情

Ⓑ料理教室／講演／著書（単行本、共著）／月刊誌、新聞、テレビ、ラジオ、インターネット／商品開発

と、ジャンル分けして時系列で記入していったところ、私の人生がみごとに「見える化」

され、これまで取り組んできたことがひと目でわかる年表となりました。

　こうして自分史を作成することで、私の人生の整理がつきました。

「君は階段を上り続けるね。一段上がったら決して下りることをしない！」

　生前、夫がいったとおり、前だけを向いてがむしゃらにやってきた人生です。

　人生は一本道です。分岐点に来たときに、どちらかの道を選びます。後戻りはできません。そして、過去を乗り越え、乗り越え、進んでいきます。長〜い時間をかけて、つらい思いは封印します。楽しかったこと、うれしかったことを記憶に残していきます。

　自分史をまとめたことで、ありのままの自分が見えるように。これからやりたいことがはっきり浮かび上がってきました。フツフツと湧き上がってきたエネルギーから「１００年時代人生」を進んでいく気概が生まれます。村上祥子自身が、持続可能なエネルギーです。

　テーマは「ちゃんと食べる。好きなことをする」

　Ｐａｒｔ２では、目標の実現の助っ人、モノについて語ります。

2　ローストビーフ作りはキッチンタイマーを味方につけて

村上祥子のお勧めする、たんぱく質補給のための贅沢な一品をご紹介します。

ローストビーフ（といっても「フライパンローストビーフ」）を焼くときは、前もって肉屋さんに電話し、引き取りに行く時間と、肉の種類と、サイズを伝えます。

購入したら、室温に置いて温度を戻し、同時に空気にふれさせて発色させます。

ここまで手順を踏んだら、後はタイマー頼りになります。1分、30秒と、そのつどタイマーをセットして、ローストビーフに正確に火を通していきます。おいしく仕上げるコツは、後にも先にもこれ一つ！

食べる際は、厚切りにして練りワサビを効かせたウスターソースを添えてもよし、冷蔵したものをごく薄切りにして、おやつにしてもよし。

そういえば、日本栄養士会の2023年度のスローガンは〝間食のすすめ〟。小さな子どもたちと同じように、中年の人も、シニアの人も、「つまみ食いで低栄養の予防を！」ということです。

では、タイマーを駆使する、ローストビーフの作り方をご紹介します。

ローストビーフの作り方

［材料1人分］

牛もも塊肉（4～5㎝角の筒状のもの）300g

塩小さじ1／2

コショウ少々

ガーリック（粉末）少々

オリーブ油大さじ1

［作り方］

①牛肉は冷蔵庫から出し、キッチンペーパーにのせて表面の水気を拭き、塩をすり込む。コショウとガーリックを肉の周りにまんべんなく振る。室温に30分おく（発色させる

ため、ラップはかけない）
②フライパンにオリーブ油を流し、強火で温め、❶の水気をキッチンペーパーにはさんで除き、表裏と側面を各1分焼く。両サイドは各30秒焼く
③幅20㎝×長さ25㎝のアルミホイルに包み、バットにのせ、室温に30分おいてうま味を熟成させる
④切り分けて食べるもよし、ポリ袋に入れて冷蔵してもよい
※冷蔵で1週間、冷凍で1ヵ月保存可。

タイマーで測り、表裏と側面は各1分、両サイドは各30秒焼く

3 新聞は読み終わってもこんなに役立つ

私は、福岡の西日本新聞に料理のコラム欄を持っています。東京でやっていたメディアの仕事を辞めて、夫の転勤について北九州市に越してきた直後からです。

途中、新しく着任された文化部の部長さんに、「あなた、調べてみたら18年も書いていますよ」とストップをかけられましたが、また復活し、足かけ42年になりました。

活字が好きです。新聞がとっても好きです。

毎朝、新聞受けから朝刊を取り出して、読みながら3階の自室に戻ります。出かけるときも新聞は一緒。バス停でも、電車の中でも読んでいます。最近、「熱烈新聞ラバー」の記者さんが増え、本の紹介、インタビュー、どれも熱っぽく語られています。

このように、読むのが大好きな新聞ですが、読み終わっても大いに役立ってくれます。

古い話ですが、

・私が子どもの頃は、お弁当箱を新聞紙で包んでいました

・結婚後、16回引っ越しましたが、転居のたびに食器を包むのも新聞紙

・今でも、冷凍したおかずを息子の家に持参するときは、保冷剤と一緒に冷凍食材を新聞紙で包んで、保冷バッグに入れて行きます

新聞紙はキッチンでも活躍します。

・新聞紙を四つ折りにして、キッチンペーパー1枚のせれば、揚げ物バットに

・魚をさばくときは、まな板を流しに置き、上に新聞紙をのせ、その上でうろこをはぎ取り、おろします。うろこや内臓は新聞紙に包んでポリ袋に入れ、冷凍庫で生ゴミ回収日まで保管

現在、スタジオのキッチンも3階自室のキッチンも、ＩＨヒーターです。

・フライやムニエル、唐揚げのときは、フライパンに新聞紙をかぶせます。飛び散る油を吸ってくれるので、ヒーターの周りの汚れが最小限に抑えられます。かぶせた新聞紙を裏返してみると、跳ねた油をびっちり吸い取っています

・水気のある生ゴミをまとめるとき、シンクに新聞紙を広げ、排水口の受け皿をトントンと打ちつけてたまったゴミを移し、真四角に折ってポリ袋に入れ、回収用のゴミ袋に移します

キッチン以外でも新聞紙は大活躍。

・26穴のパンチ機にたまった、直径1㎝足らずの丸い断裁クズも、新聞紙に包んでゴミ袋へ

・線香立ての灰をこして出たお線香の燃え殻も、花を活けるときや処分するときも新聞紙を使います

・新聞紙に包めば、尖った茎の切り口でゴミ袋を突き破ることもありません

私自身の生活で、スタジオ仕事で、新聞紙は大活躍。ただし、しおれた花を包みながら、つい読みふけってしまうのが困ったところです。

4　大好きな豆皿でひとり暮らしを機嫌よく

小さくてかわいらしい豆皿が大好きです。実家にあったもの、私が購入したもの、外国みやげにいただいたもの…。直径7㎝、8㎝、大きくても9㎝どまり。

フライやギョウザ、冷や奴におひたし、甘い物などを盛っても収まりがよいのです。豆皿にのった食材は愛らしくチャーミング。豆皿使いはひとり暮らしを機嫌よく過ごす方便のひとつ。何しろかわいいい！　それだけで心ウキウキ。

コンビニで購入したおかずも、豆皿にのせてワインを添えれば、コンビニバルです。

私はかっこいいことが大好きです。食事のときでも、気取っていたいと思います。

お目にかけた豆皿料理は、冷蔵庫やフリーザーにちょこちょこ残っていたものをのせて、食卓に並べたもの。冷や奴にゆでた青菜を刻んでのせる。スダチを置く。イタリアンパセリをアクセントに添える。愛らしく調和のよい色合いが視覚に飛び込んできます。

そして、思うのです。「おいしそう！」

ちょっとした、暮らしのバージョンアップ術です。

キンメダイ煮つけ

だて巻き

肉大豆

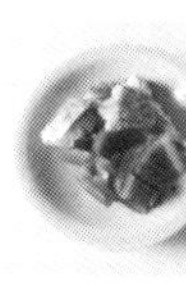
タラ塩焼き
ゆでピーマン

まぐろ刺し身
しょうゆ

ゆで豚
辛子高菜

イワシのフライ

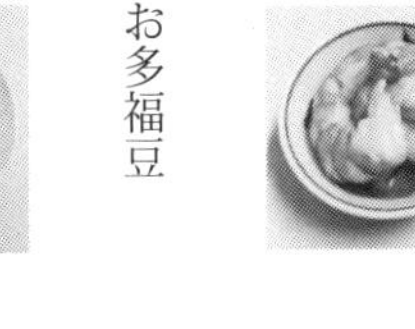
ボイルエビ
アマニ油

お多福豆

いわし天
わさび

肉だんご
セリ

ブルーチーズ

ひじき入り
さつま揚げ

昆布巻き

いわしの梅煮

生麩

明太子
シイタケ甘煮

パルメジャーノ・
レッジャーノ
マーマレード

5　超簡単！　ムラカミ式圧力鍋の調理法

1970年に圧力鍋を使い始めてから、53年経ちました。

使い始めた当時の私は、家族の健康を何より願い、子どもたちが3歳になるとスイミングクラブに入れました。とはいっても、子ども用の正式な水泳教室はない時代です。大人のプールの端を仕切って、父母も水着をつけて入り、飛び込んでくる子どもたちをサポートする程度の教室でした。

そして、夫のサラリーをやりくりして、なんとかたんぱく質の豊富な食事を作りたいと、圧力鍋を購入。当時、圧力鍋のレシピ本は皆無に等しく、試行錯誤で調理していました。

時同じくして、イタリアのラゴスティーナ社の鍋をイタリア商事が輸入し、CBSソニーファミリークラブで通信販売が始まりました。その新聞広告を見て、通販用の番号に電話し、「おたくの広告では、ハードがしっかり説明されてわかりやすいです。圧力鍋にビーフシチューが入っていたら、主婦の目を引くと思います」と提案。次に新聞の一面広告を出すとき、ビーフシチューを掲載する仕事をいただきました。

１９７８年、イタリア商事よりＧＲＥＥＮ　ＢＯＯＫ（圧力鍋の取扱説明書兼レシピブック）が出版されることになりました。本邦初の圧力鍋レシピ本なのですが、私が著者に指名されたのです。

同じく１９７８年に、月刊『栄養と料理』６月号「こちら試験室　圧力鍋―その機能と使いやすさをテストする」で、圧力鍋３種のテストを担当しています。この料理をするとき、鍋に入れて加熱すると、最高温度でストップし、温度を記録する機能を持つ「留点温度計」を亭主の提案で購入。圧力鍋で調理するたびに、圧力鍋内部の温度を測り、圧力を計算しました。メーカー、機種の違いによる圧力鍋の精度を査定したのです。

そして、家庭で生の食材を圧力鍋で調理するときのシンプルな方程式を編み出しました。

①生の食材を食べやすいサイズに切って、圧力鍋に入れる

②調味料や水を加える
③ふたをする
④火にかける
⑤圧力調整弁がシュンシュンと作動を始めたら、即、弱火にし、1分加熱
⑥火を止める
⑦圧力鍋内の圧が1気圧に下がるまで放置する
⑧ふたを取る

普通の鍋やフライパンで調理していた肉も野菜も、加圧1分で別物のようにふっくらジューシーになります。

食べ物は体をつくります。健全に発育するのも、メタボリックシンドロームになるのも食べ方しだい。「ちゃんと食べる。好きなことをする」ためにも、面倒がらずに食べることに取り組んでいきたいと思います。

EAT―Lancet（持続可能な食糧生産と食生活への変革を訴える非営利団体

地球にとって健康な食事

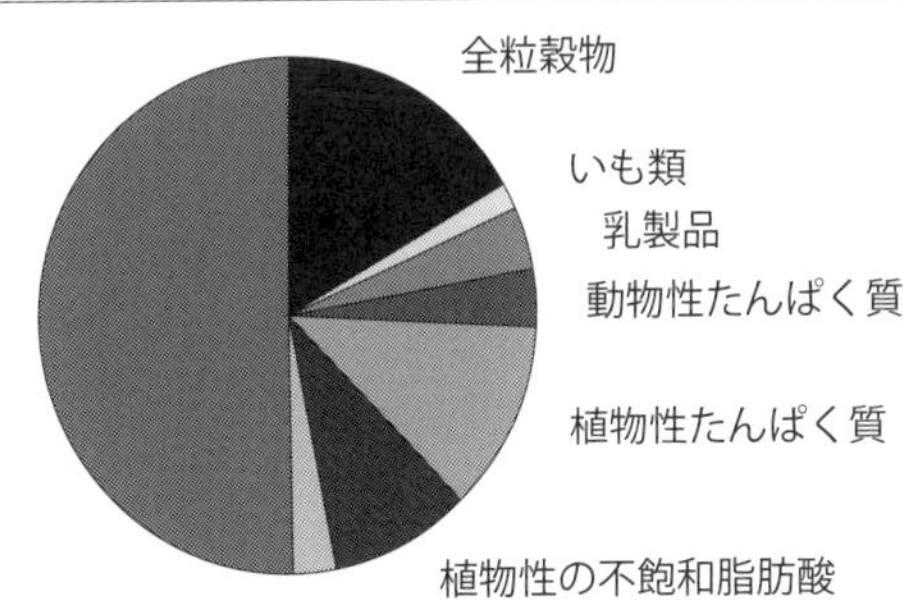

国際的医学誌『Lancet』に 2019 年 1 月、地球の健康と人間の健康の双方にとって望ましい食事の提案「EAT-Lancet 委員会報告」が発表
2050 年には約 100 億人と推定される世界の人びとに健康的な食事を提供し、かつ SDGs や「パリ協定」を達成するには、持続可能なフードシステムによる健康的な食事への転換が必要と提唱。
出典：EAT-Lancet Commission. Food Planet Health.

ＥＡＴと複数の財団がＬａｎｃｅｔと行った国際協同プロジェクト）で述べていますが、これからの私たちは乾燥豆を肉の代わりに、いや、肉として食べることが必要になっています。

年齢を重ねると少しずつ落ちてくるかむ力に合わせて、圧力鍋は硬い肉や乾燥豆を軟らかくゆでるために、必須の調理器具になりました。

6　圧力鍋で乾燥豆をゆでる

圧力鍋を使った乾燥豆のゆで方は、水戻ししてからゆでる豆と、水戻しせずゆで始める小豆の2種のレシピがあります。

水戻しする豆・ひよこ豆は、スペイン語でガルバンゾーといいます。ユダヤ教の信者の人たちが、肉代わりに食べる、日本でいえば大豆と同じ役目を果たす豆です。水煮缶も売られていますが、私は塩と砂糖を加えた熱湯で戻しています。砂糖は、ひよこ豆のうまみを引き出してくれるからです。

そして、小豆は「とよみ大納言小豆」を使ったレシピを紹介。これは、粒の大きい大納言小豆のなかでも、小豆の風味とエンドウ豆の風合いを併せ持つ小豆です。

小豆をゆでる際は、必ずゆでこぼしてアク抜きをしていました。でも、アクはポリフェノールの一種のアントシアニンとわかり、眼精疲労に効果があるということで、家庭ではゆでこぼしをしなくてよいと私は思っています。

ひよこ豆（ガルバンゾー）を圧力鍋でゆでる

［材料＝できあがり500g（煮汁は別として）］

ひよこ豆2カップ（250g）

［作り方］

①圧力鍋に水1ℓ、砂糖100g、塩小さじ1／2を入れて火にかける。沸騰したら火を止め、洗ったひよこ豆を加える。ひよこ豆が完全に戻り、しわがなくなるまで、6時間から一晩おく

②ふたをして強火で加熱。圧がかかったら弱火にし、15分加熱して火を止める

③圧が下がるまでおいて、ふたを取り、容器に移す

※冷蔵で1週間保存可。冷凍で1ヵ程度保存できる

【参考】

普通の鍋でゆでる

［作り方］

①水を2ℓに増やす。砂糖と塩は圧力鍋のレシピと同量を鍋に入れ、沸騰させて火を止め、ひよこ豆を加える。しわがなくなるまで6時間から一晩おき、完全に戻す

②ふたをしないで火にかけ、煮立ったらアクを引き、フツフツと煮立つ程度の弱火にし、破れにくいキッチンペーパーを落としぶた代わりにかぶせる

③ふたを少しずらしてのせ、1時間加熱する。煮汁がひたひたになり、一粒食べてみて、かみ応えがある固さで完全に火が通っていれば火を止める。煮ている途中で煮汁が極端に減ったときは水を足し、そのつど煮立たせて弱火に戻す

とよみ大納言小豆の甘煮

［材料］

とよみ大納言小豆200g

［作り方］

①小豆は洗ってざるに上げる。圧力鍋に入れ、水5カップを加え、ふたをして火にかける。

沸騰してきたら弱火で15分加熱する

②火を止めて、圧が下がったらふたを取る。ひたひたになるまでゆで汁を減らし、砂糖２００ｇと塩小さじ１／２を加えて混ぜ、煮立ってきたら弱火で10分煮る

③火を止めて一晩おき、翌日、ふたつき容器に移し、冷蔵する

※冷蔵で５日、冷凍で２ヵ月保存可

※とよみ大納言小豆以外の小豆は同じレシピで調理できる

7　圧力鍋で牛すじをゆでる

圧力鍋を使って牛すじ肉をゆでるレシピを紹介します。その後、牛すじ入りおでんの簡単な作り方も紹介します。

牛すじを圧力鍋でゆでる

［材料＝できあがり300g、と作り方］

①牛すじ肉500gは、水（分量外）に30分浸して血抜きをし、ざるへ上げ、圧力鍋に入れる。水4カップを加え、ふたをして火にかける。

②圧がかかったら弱火にし、8分加熱して火を止める。

③圧が下がったらふたを取り、牛すじ肉をふたつき容器に移す。ゆで汁はキッチンペーパーをしいたざるでこして容器に注ぐ。冷めるまでおき、ふたをして冷蔵する。

④翌日、上に固まった牛脂を取り除き、ふたをして冷蔵する。

【参考】

普通の鍋でゆでる

［作り方］

①牛すじ肉は水（分量外）に30分浸して血抜きをする

②鍋に入れ、水5カップを注いでふたをして火にかける

③沸騰したら煮立つ程度の火加減で、アクを取りながらふたを少しずつずらしてのせ、1時間30分ほど煮込む。途中でゆで汁が減ってきたら、牛すじが常に浸っている程度に水を足す。途中で表面に浮いてきた脂やアクは取り除きながらゆで、竹串がスッと通るようになったら火を止める

④保存容器に牛すじを入れ、ゆで汁はキッチンペーパーを敷いたざるでこして容器に注ぎ、ふたをして冷ます

牛すじ入りおでん

おでんが嫌いな人って、あまりいないように思います。撮影で帰りが遅くなるとわかっ

ているときの家族の夕食に、スタッフのまかないご飯に、数えきれないほど作りました。今は、撮影やテレビの収録でお越しになる編集者やカメラマンたち・ムラカミのスタッフを合わせて、一度に8～10人分ほど仕込みます。

【材料6人分】

牛すじ肉（ゆでたもの）300g／大根10㎝分（500g）／コンニャク1枚／キャベツ大3枚／かんぴょう（25㎝長さ）2本／生シイタケ6個／ギンナン（水煮）12粒／木綿豆腐1丁／ジャガイモ中2個／ニンジン1本／ちくわ小6本／牛すじ肉のゆで汁4カップ（足りないときは水を加える）／Ⓐ〈顆粒ビーフコンソメ、顆粒和風だし各小さじ1／濃口しょうゆ大さじ1／薄口しょうゆ、みりん各大さじ2〉／からし適量

【作り方】

①牛すじは3㎝角に切って竹串に刺す

②大根は4つの輪切りにし、それぞれを2つに切る。耐熱ボウルに入れ、ふんわりとラップをし、電子レンジ600Wで10分加熱する

③コンニャクは幅1㎝に切り、中央に切り目を入れ、片方の端を穴にくぐらせて手綱にする。サッとゆでてアクを除く
④かんぴょうは水で戻して縦半分に切る。キャベツは半分に切り、ポリ袋に入れ、電子レンジで3分加熱する。端を入れ込みながら巻き、かんぴょうで縛る
⑤生シイタケは石づきを除く、かさに十字の切り目を入れる
⑥ギンナンは、2粒ずつ楊枝に刺す
⑦豆腐、ジャガイモ、ニンジンは6等分に切る
⑧鍋にすじ肉のゆで汁とⒶを入れ、①～⑦、ちくわを入れ、中火にかける。煮立ったら熱い煮汁につかっている程度の弱火にして、ふたはしないで20分煮る。途中、煮汁が減ってきたら水を足す。からしをつけていただく

8　表も裏もシリコン加工のクッキングシート活用術

クッキングシートは、両面をシリコン加工した耐油紙です。

天板に敷いてシューやクッキー生地をしぼり出し、オーブンで焼くと、するりと取れます。天板にバターを塗ったり、小麦粉を振るなどの手間はいりません。

蒸籠にクッキングシートを敷いて包子や焼売をのせて蒸し、食卓へ運べば、飲茶のおやつ。

パリで、通りすがりのお菓子屋さんでアップルパイ1切れを頼んだときのこと。店員さんは25㎝角のクッキングシートを取り出し、クルクルとラッパのように巻いてパイ1切れを差し込み、手前の開口部をねじって「ハイ！」

そんな使い方もできます。

私は、２０１７年から3年間、アメリカ シアトルに、

Sachiko's Guideline to Microwave Cooking Facts You Need to Know
で始まる、レンチンでできる日本家庭料理のネットのオフィスを置いていました。

そこで働いてくれたのは、アメリカ人と結婚して彼の地に住む日本の女性たち。日本の家庭料理のことは、よくわかっています。私が書いた英語のレシピのいい回しが適切かどうか判断し、修正する作業を引き受けてくれました。

私が渡米すると、ＳＮＳで声をかけます。もともと、このネットオフィスのスタッフは、海洋学が専門の知り合いに、私が声をかけてスタートしました。そのため、海洋学者と結婚している日本人女性が集まってくれたのです。

ここのスタッフとパーティーをするときにも、電子レンジとクッキングシートは大活躍。集まった人に、10インチ（25㎝）四方に切ったクッキングシートを渡し、エビやサーモンをシートの中央にのせ、セロリ、トマト、ニンジン、タマネギ、ローズマリーなどをのせ、塩、コショウを振り、シートの両端をねじり、手前と向こうサイドを持ち上げてねじる。そして、電子レンジ６００Ｗ・３分加熱で〝アクアパッツァ〟完成！　肴は、

〝Serve by yourself（セルフサービス）〟で。

アメリカは車社会です。ノンアルコールで、パーティースタート。

ちなみに私は、１９８５年に大学の病態栄養指導講座の非常勤講師になりました。それ以来、生活習慣病のうちでも、当時、疾病率が断然高かった糖尿病に的をしぼり、
・少量調理に向いている
・油は控えめで香りつけ程度に加えるだけでカロリーを抑えられる
〝電子レンジの和洋中華レシピ〟を開発していきました。

9 クッキングシート頼みでおいしい焼き魚3種

クッキングシートに包むと、焼き魚もフライパンで姿、形よく、おいしくできます。後片づけもラクです。ここでは、太刀魚、イワシ、鮭の焼き方を紹介します。

太刀魚の塩焼き

身のくずれやすい太刀魚も、クッキングシートに包むと、形よく焼き上がります。

[材料1人分と作り方]

①太刀魚1切れ（100g）は、盛りつけたとき表になるほうに1㎝間隔の切り込みを入れ、塩小さじ1／4を振る

②25㎝四方のクッキングシートにサラダ油（分量外）をハケで薄く塗り、❶の切り目を入れた面を下にしてのせて、二つに折ってはさむ

③フライパンに置き、ふたはしないで弱火で4分焼く。下側に焼き色がついたら、クッキングシートごと返して弱火で3分焼く

④大根おろし50gの汁を軽く切り、ちりめんじゃこ小さじ1、一味トウガラシ少々、青ジソの粗みじん切り1枚分を加えて、最後に酢小さじ1／2をかける

⑤器に焼いた太刀魚と❹を盛り、レモンのくし形切り1個を添える

こんがり明太イワシ

明太イワシは、内臓（腹ワタ）を取った脂ののった旬のイワシに、辛子明太子を詰めた博多名物です。

いざ焼こうとすると、魚卵がそこら中にプチプチはじけ飛んで、後片づけが大変。そこを助けてくれるのが、クッキングシートです。

【材料2人分と作り方】

①明太イワシ2尾は盛りつけたとき表になるほうに×の切り目を入れる
②イワシの長さに合わせてクッキングシートを切り、二つに折ってイワシ2尾をはさむ
③切り目を入れた面を下にしてフライパンにのせ、ふたをして弱火で4分焼く。クッキングシートごと返して弱火で4分焼く
④器に盛り、大根おろし30gをそれぞれに添えて、しょうゆ少々をたらす

鮭のみそ焼き

最後に、鮭のみそ焼きを紹介します。クッキングシートで包めば、骨のない鮭の切り身をひっくり返すとき、身が壊れず美しく仕上がります。

【材料2人分と作り方】

①鮭のみそ漬け2切れは、ついているみそを除く。15㎝四方のクッキングシート2枚を二つに折り、それぞれに鮭をはさむ

②フライパンにのせ、ふたはしないで、弱火で表裏それぞれ4分ずつ焼く
③大根100gは、皮をむいて大きめの乱切りにする。耐熱容器に入れ、ふんわりとラップをして、電子レンジ600Wで2分加熱する。器に鮭とともに盛り、水菜のざく切り少々を添える

［鮭のみそ漬けの作り方］
①みそ、砂糖各大さじ2、酒大さじ1を合わせ、なめらかになるまで混ぜる
②22㎝四方のラップを広げ、❶を大さじ1ずつのせ、鮭2切れ（1切れ100g）を置き、残りの❶を上にのせてぴっちり包む。ジッパーつきの袋に入れ、冷蔵する
※冷蔵で5日間保存可。それ以上おくときは味が濃くなるので冷凍する。1ヵ月保存可

10 お手軽！ クッキングシートで干し野菜作り

干し野菜10gで取れる栄養は、生野菜100g分に当たります。野菜不足の解消に。持続可能な地球のために、食品ロスを減らす生活にどうぞ。

[干し野菜の作り方]

①野菜は戻したとき使いやすく食べやすいように、薄切りや拍子木切り、短冊切りなどにする。野菜はなんでもよい

②耐熱ボウルに入れ、ラップをして電子レンジ600Wで100gにつき2分を目安に加熱する。200gなら4分

③ざるにあけて、熱が取れたら手で水分をしぼり、バットやお盆にクッキングシートを敷いて広げるようにのせる

ここでもクッキングシートが活躍！　ラップや新聞紙では野菜同士がくっついて乾いた後、はがすのが大変です。

④カラカラになるまで1～2日、室内で干す。天気がよければ外で干すと半日で乾き、時間短縮になる

※使うときは、干し野菜重量の5倍の水を加えて戻し、戻し汁も調理に使う。あえものなどは少量の水を加え、指でもんで柔らかくして用いる

※保存法：保存容器や保存袋に入れ、冷蔵庫で保存。乾燥剤も入れるとよい。保存は冷蔵で6ヵ月、冷凍で1年を目安に

干し野菜のおかず

みそ汁

［材料2人分］だし300㎖／干し野菜20g／木綿豆腐50g／みそ小さじ4

［作り方］

①耐熱ボウルにだしと干し野菜、手でちぎった豆腐を入れ、強火で加熱する
②煮立ってきたらアクを引き、2〜3分煮る。野菜が柔らかくなったらみそを溶き、ひと煮して火を止める

ハニーマヨネーズあえ
［材料2人分］干し野菜20g／水100㎖／Ⓐ（マヨネーズ大さじ1、ハチミツ小さじ1）／リーフレタス少々
［作り方］
①耐熱ボウルに干し野菜と水を入れ、ふんわりとラップをし、電子レンジ600Wで1分加熱する。5分おいてざるに上げる
②ボウルに❹を合わせ、❶を軽くしぼって加えてあえる。器にレタスと盛る

炊き込みご飯
［材料2人分］米1合／油揚げ1枚／干し野菜20g／水180㎖／Ⓐ（和風だしの素・

顆粒小さじ1／2、しょうゆと酒各大さじ1）

［作り方］

①米を洗ってざるに上げ、15分おく。油揚げは縦半分に切り、5㎜幅の細切りにする

②炊飯器に米を入れ、水を注ぐ。そこから調味料分の大さじ2をすくって除き、Ⓐを加えて混ぜる

③上に干し野菜、油揚げの順に重ね入れ、倍速または早炊きキーを押して炊飯する

なお、現在の炊飯器には、ＩＨヒーターも組み込まれています。倍速キーをチョイスすると電子レンジ炊飯と昔ながらのかまど炊き機能のいいとこ取りで炊飯し、時間は短縮されたうえ、ふっくらジューシーにご飯が炊けます。

焼きうどん

［材料2人分］干し野菜20g／水100㎖／冷凍うどん2パック（200g／パック）／Ⓐしょうゆ大さじ2、砂糖とみりん各大さじ1）／サラダ油大さじ1／豚もも薄切り

肉50g／削り節ひとつかみ／紅ショウガ少々

［作り方］

①耐熱ボウルに干し野菜を入れ、水を注ぎ、ふんわりとラップをし、電子レンジ600Wで1分加熱する。取り出して2分おく

②冷凍うどんの袋の隅を切り、包装のまま耐熱容器にのせ、電子レンジ600Wで4分加熱。もう1パックも、同様に

③フライパンにサラダ油を入れ、食べやすく切った豚肉を炒め、❶の野菜を戻し汁も一緒に加え、❷とⒶを加えて強火で炒める。最後に削り節を振り入れて混ぜ、火を止める

④器に盛り、紅ショウガを添える

11　大革命！　40分で焼ける電子レンジ発酵パン

「私が村上祥子さんの料理と初めて出会ったのは、料理コンクールで優勝したときでした。フランス料理を家庭料理の中にうまく生かしているのが高く評価されました。どこにでもある材料で本物を目指す彼女の姿勢は、それからの活躍でも一貫しているようです」

これは、1985年に講談社から『私の家事㊙ノート～お料理上手は暮らし上手』を出版した際に、当時、帝国ホテルで総料理長をされていた村上信夫先生から、本の扉書きにいただいた言葉です。村上先生は、私が1974年に「カリフォルニア・アーモンド・クッキングコンテスト」で優勝したときに、審査委員長を務められていました。そのときの縁で、帝国ホテルで結婚式の仲人を務めたときなど、ご挨拶をさせていただいていました。

そうです。私は今も、手のかかる家庭料理について、「もっとカンタンに作れるのではないか」と工夫をこらし、挑戦しています。うまくいかないことのほうが多いのですが、テストをくり返すうちに、ほのかな成功の灯りが点されることがあります。

実は私、1972年開催の日本製粉㈱「第1回ふっくらパンコンテスト」の入賞者です。その頃のパン生地作りは、こねたりたたいたりと力仕事でした。

試行錯誤をくり返して完成したレシピのひとつが、〝電子レンジ発酵パン〟です。電子レンジ発酵パンは、こねないほうがうまく発酵します。

2001年、永岡書店の『45分で電子レンジパン』でデビュー。その後、メールの問い合わせにお答えすること1万回以上。電話の対応は数知れず。こうして、作り方は進化を続け、どんどんシンプルになりました。クッキングシートを使うことにしたら、さらに作業がらくになりました。

こうして、一次、二次発酵を含めて焼き上がるまで1日がかりだったパン作りが、電子レンジ発酵パンならオーブンで焼く時間まで入れて40分に短縮。揚げながら二次発酵をする揚げパンなら20分になりました。

「あら、簡単、あら、上手、あら、もうできた」と、見ている人にいわれ続ける電子レンジ発酵パン。開発に20年近くかかり、ついに完成したのです。途中で、「もうやめよう、もうしない」と、何度思ったことでしょう。

電子レンジ発酵パンの本は、各社合わせて２００万部売れました。

２０１５年４月、日本電磁波エネルギー応用学会の基調講演を依頼され、「電子レンジでパン大革命」を講演しました。生まれて初めて訪れた大岡山（東京都目黒区）の東京工業大学はかっこよかったです。

村上祥子料理教室で人気のカレーパンの作り方です。

カレーパンの作り方

［材料＝4個分］

〈パン生地〉

強力粉……１００g／水……70㎖

Ⓐサラダ油……小さじ２／砂糖……大さじ１／塩……小さじ１／５

ドライイースト小さじ1／打ち粉用強力粉……適量

〈カレーあん〉

Ⓑレトルトカレー……1／2袋（95g）／強力粉……小さじ2／豆板醤……小さじ2

溶き卵……20g／パン粉（フードプロセッサーにかけたもの）……20g

揚げ油……適量（パン粉の目が細かいほど、給油率が下がり、あっさりと仕上がります）

［作り方］

①耐熱容器に水を入れ、Ⓐを加えて混ぜる。ドライイーストを加え、箸で軽く混ぜる。強力粉を加え、ひとかたまりになるまで混ぜる

②電子レンジ弱（150〜200W）で30秒加熱し、ふたをして2倍にふくらむまで温かい場所に10分ほどおく

③〈カレーあん〉耐熱ボウルにⒷを入れてよくま

ぜ、両端を少しずつあけてラップをかけ、電子レンジ６００Wで2分30秒加熱し、取り出して混ぜ、冷ましておく

④まな板に打ち粉をして生地をのせ、ゴムべらで押さえてガス抜きし、４等分して丸める

⑤めん棒で直径10㎝の円形にのばす。❷を４等分してのせ、生地の縁を持ち上げて、カレーの上でつまんで閉じる。中央から左右に向けて、生地をしっかり留め、手のひらで押さえて木の葉形に整える

⑥❺に溶き卵、パン粉の順にまぶす

⑦フライパンに揚げ油を１・５㎝深さ注ぎ、少し温まったら（１４０℃）、生地を並べ入れる。火は強火にし、まめに上下を返しながら、２倍くらいにふくらみ、キツネ色になるまで揚げる

12 ムラカミ式電子レンジ発酵の秘密

104ページで、電子レンジで簡単においしく作れる「電子レンジ発酵パン」を紹介しました。では、なぜ電子レンジで発酵が進むのでしょうか。電子レンジ発酵パンを例に、解説したいと思います。

パンの主役である小麦粉の成分は、主にたんぱく質とデンプン、糖類、糖化酵素です。小麦粉に水とイーストを加えて混ぜます。グルテンができないように、こねません。全体に混ざったくらいで電子レンジに入れ、弱(150〜200W)または解凍キーで30秒加熱します。

たったこれだけで一次発酵が終了。「弱」にするのは温める目的ではなく、発酵を促進するためのバイブレーション(電磁波の刺激)を与えるためです。

このとき、電子レンジの中では生地に電磁波の軽い刺激が当たり、水分がたんぱく質にもデンプンや糖類にもじりじりとしみわたり、眠っていたパン酵母が生地の熱(37℃)

で目を覚まし、発酵活動を始めます。

デンプンに水がしみわたったことで、小麦粉が本来もっている糖化酵素（アミラーゼ）の力で分解が始まります。できたブドウ糖や麦芽糖、そのほかの糖類をエサに酵素の活動が活発になり、糖は炭酸ガスと水に分解されます。この炭酸ガスが、パンのふくらみのもとになります。一方で、グルテニンとグリアジンという2種類の小麦たんぱくが水と結合して、グルテンという弾力のある組織を作り、これが炭酸ガスで膨張します。

電子レンジの中では、一気にここまでの作業が進みます。あとはガス抜きや成形など、パン作りに必要な作業を行い、オーブンで焼き上げると、グルテンの膜とデンプンも熱で固まって、パンができあがるという仕組みです。

日本酒の醸造元の蔵で音楽を流すと、酒の熟成が進むと聞きます。これも、音波という微弱な振動が酒の酵母に軽い刺激を与えるため。電磁波の発酵も、同じ原理です。

13　クッキングシートは発酵食作りにも欠かせない

腸と免疫の第一人者、国立研究開発法人　医薬基盤・健康・栄養研究所ヘルス・メディカル微生物研究センター、センター長・國澤純先生の『9000人を調べて分かった腸のすごい世界』（日経BP社刊／2023年4月発行）が、話題になっています。

2023年3月に、「ニップン　ヘルスケアセミナー」で國澤先生とご一緒しました。講演後、ニップンの依頼で「アマニフルーツ甘酒」を先生に送付。

結果、ムラカミ式レンチン甘酒は、市販の甘酒に比べ、はるかに超える効果があったと聞きました。発酵食作りの過程で、電磁波をかけると、発酵時間が大幅に短縮されます。

私は、雑菌の侵入を防ぐために、シリコン両面加工のクッキングシートを、発酵食材の表面にピタッと張りつけ、その後、電子レンジにかけて発酵を促進させます。ラップやワックスペーパーでテストしても効果はイマイチです。食材の有機物をエサにして発酵を行う微生物、酵母がシリコン加工のシートに守られて発酵を促進しているのでしょうか。これからの解明が待たれるところです。
では、私が愛用している発酵常備菜、甘酒とタマネギ麹の作り方をお話しします。

甘酒

[材料＝できあがり740g] ご飯240g（2カップ）／熱めの湯（60〜65℃）2カップ／米麹100g（フードプロセッサーで粉末にする）

[作り方]

作り方は、左のページを参照してください。
できあがった甘酒は、そのまま保温モードを続けると、24時間後にはあめ色になり、とても甘くなります。どの甘さまで発酵するかは、作り手の判断で。保存するときは、完全に乾いた容器に移し替えます。冷蔵で2週間、冷凍すれば2カ月保存できます。

①耐熱容器にご飯を入れ、60～65℃の湯を注いで混ぜる。60℃くらいになっていればよい

②米麹を加えて混ぜる

③容器の大きさに合わせて切ったクッキングシートを表面にのせる

④電子レンジ弱（150～200 W）、または解凍キーで30秒加熱する

⑤炊飯器の内釜にキッチンペーパーを四つ折りにして敷き、❹を置く（すっぽり入らなくてもよい）

⑥保温モードで、ふたは開けたまま布巾をかぶせ、1時間おく。米粒がふくらみ、溶けかけた状態になり、甘くなっていたらできあがり

甘酒の健康効果

■麹菌が米のたんぱく質を分解して、ペプチドができます。ペプチドは体内に速やかに吸収されたのち、さまざまな生理活性を発揮し、血圧を上げないように働きかけます

■腸の状態を整えます。花粉症などのアレルギー疾患が改善するほか、糖尿病、高脂血症などの生活習慣病の予防にも効果的です

■甘酒に含まれるビタミンB群は、代謝をアップさせる効果があります。また、コレステロール値を下げる働きも期待できます

■甘酒は、発酵の過程で生まれる酵素とビタミンB群の宝庫。新しい細胞の生成を促し、美肌効果が期待できます

■甘酒は、善玉菌のエサとなるオリゴ糖と食物繊維が豊富。善玉菌が増えて、老廃物をスムーズに排出させます。腸の働きを活発にし、免疫機能をアップさせます

■甘酒に含まれる天然アミノ酸のGABAには脳の興奮を鎮め、リラックスさせる効果があるといわれています。また、ストレスを緩和させます

甘酒ドリンク&スイーツの材料と作り方（1人分）

ショウガ入り

甘酒大さじ2（40g）に熱湯60㎖とすりおろしショウガ小さじ1を混ぜる

甘酒汁粉

マグカップにお汁粉1パック（100㎖）を移し、電子レンジ600Wで1分加熱し、甘酒大さじ2（40g）を加える

甘酒ほうじ茶

温かいほうじ茶100㎖に、甘酒大さじ2（40g）を混ぜる

ホット豆乳

温かい豆乳100㎖に、甘酒大さじ2（40g）を混ぜる

ミルクココア

マグカップにミルクココア（粉）大さじ2を入れ、牛乳100㎖のうち大さじ2ほどを加えて溶かす。残りの牛乳を加えて混ぜ、ラップはかけないで電子レンジ600Wで1分加熱する。取り出して甘酒大さじ2（40g）を加える

甘酒ドレッシングの材料と作り方（2人分）

ピリ辛ドレッシング

甘酒大さじ2、生クリーム大さじ1、ラー油小さじ1、しょうゆ小さじ2を混ぜる

和風ドレッシング

甘酒大さじ2、ポン酢しょうゆとサラダ油各大さじ1、コショウ少々を混ぜる

14 クッキングシートが大活躍のタマネギ麹作り

ここでは、タマネギ麹の作り方を紹介します。タマネギ麹は、肉や魚などのたんぱく質食材に向く発酵調味料。タマネギ麹に含まれるたんぱく質分解酵素のプロテアーゼが働いて、食材のうまみや風味を引き出してくれるため、おいしさがアップします。そして、食材そのものが軟らかくなり、食べやすくなります。

タマネギ麹の作り方

[材料=できあがり330g]

タマネギ300g（正味）／米麹100g／塩30g

[作り方]

①タマネギは皮をむき、上側と根は切り落とし、十字に4等分する

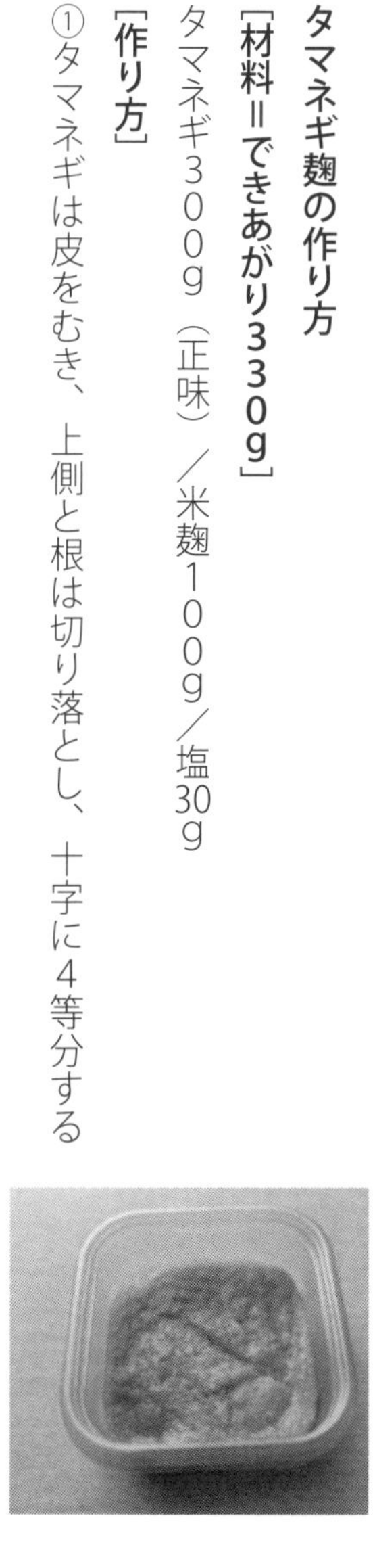

米麹はミキサーにかける

②耐熱ボウルにタマネギを入れ、ふんわりとラップをし、電子レンジ600Wで6分加熱する

③蒸し汁と一緒にタマネギをミキサーに移し、滑らかになるまで回す

④耐熱容器に移し、米麹を加えて混ぜ、容器の大きさに合わせて切ったクッキングシートをぴったりとかぶせ、ラップはしないで電子レンジ弱（150〜200W）、または解凍キーで30秒加熱する

⑤炊飯ジャーの内釜にキッチンペーパーを四つ折りにして敷き、❹の容器を置く。ジャーのふたはかぶせない。保温モードにセットして、ジャーのふたはあけたまま、乾いた布巾を内釜にかぶせ、3時間おく

⑥❺に塩を加えて混ぜ、クッキングシートを戻す。ふたはしないで乾いた布巾をかけ、保温モードで6時間おく

⑦表面がつやっと光り、ややベージュ色になればできあがり。ミキサーやミルサーにかけて、ピューレ状にする。瓶に詰め、ふたをして冷蔵する

※冷蔵で1年間保存可

タマネギ麹with野菜

［材料2人分］ キュウリ1本（100g）／大根100g／ニンジン30g／ナス1本（75g）／タマネギ麹大さじ4

［作り方］

①キュウリは二つに切り、大根は縦四つ割りにする。ニンジンは皮をむく。ナスはへたを落とし、皮をしま状にむく

②ジッパー袋にタマネギ麹を入れ、❶を加え、ジッパーを閉めて冷蔵する。1時間後には漬かっている

③タマネギ麹を落として軽く洗い、切って器に盛る

※タマネギ麹を手のひらに小さじ1ほどのせ、右手でナスを持ってこすり、紫紺色が染みてくるまでこすると、アク止めになる。そして、残りのタマネギ麹をまぶして漬けると、美しい色合いの仕上がりに

タマネギ麹ｗｉｔｈサバ

［材料2人分］ サバ三枚おろしのもの2切れ（１２０ｇ）／タマネギ麹大さじ2／大根おろし適量／青ユズ1個（2つに切る）

［作り方］

①サバはジッパー袋に入れ、タマネギ麹を加えてジッパーを閉め、袋の外から押さえ、冷蔵する。30分ほどでおいしく漬かる

②幅10㎝×長さ20㎝のクッキングシートを二つに折り、タマネギ麹を軽く落とした❶を半分のスペースに置き、残りのクッキングシートを折り返し、フライパンにのせる

③フライパンを弱火で3分加熱し、クッキングシートに挟んだまま裏返し、弱火で3分焼く

④器に盛り、大根おろしと青ユズを添える

※タマネギ麹に漬けた状態で、冷蔵で3日、冷凍で1ヵ月保存可

※サバ特有のニオイが抑えられ、焼いたとき香ばしい風味がつく

※白身魚でも同様にできる

タマネギ麹withチキン

［材料2人分］ 鶏もも肉（皮つき）1枚（200g）／タマネギ麹大さじ4／キュウリ1本／すし酢（市販品）小さじ1／赤トウガラシの輪切り1個

［作り方］

①鶏もも肉は皮を上にしてまな板に置き、包丁で皮を5回刺す

②ジッパー袋に入れ、タマネギ麹を加えてジッパーを閉め、袋の外から押さえ、冷蔵する。30分ほどで漬かる

③オーブントースターの天板にアルミホイルを敷き、タマネギ麹を軽く除いた鶏肉を、皮を上にしてのせる。上にアルミホイルをかぶせ、強で10分、火が通るまで焼く

④キュウリは2～3㎜間隔で切り込みを入れる。裏返して斜めに2～3㎜間隔に切り目を入れ、両端を落とし、幅2㎝に切り離す。ポリ

袋に入れ、すし酢と赤トウガラシを加え、口をしばって10分ほどおく
⑤器に❸を切ってのせ、❹の汁を切って添える
※冷蔵で3日、冷凍すれば1ヵ月保存可
※鶏肉の皮に包丁を刺すのは焼き縮み防止と味の浸透をよくするため
※タマネギ麹に漬けることで、下味がつく

15 電子レンジ活用のポイントはたった2つ

これまで私は、電子レンジ活用レシピを数多く世に送り出してきました。電子レンジで私が伝えたいポイントは2点。

・食材はどんな切り方でも大丈夫
・100gあたり2分加熱（600W基準）を目安とする

食材が凍っていようがいまいが、2分が目安です。マグネトロン（電波の中でも周波数が小さいマイクロ波を発する真空管）から発射される（物騒な表現ですが）電磁波は、食材に含まれる水分子をゆり動かして、蒸気を発生させて加熱するからです。食材の温度が高い低いに、加熱時間は関係なし。

①冷蔵庫にある食材を出して、好みのサイズに切る
②耐熱容器に入れる
③食材100gにつき2分を目安に加熱する

たった、これだけ。

耐熱容器には、450㎖入りの大きめのマグカップも使っています。1人分を作るのに向いています。みそ汁や、とろみのあるルーを使ったカレーや、シチューだって作れます。マグカップは、水分が入っていない持ち手の部分が熱くなりません。鍋つかみがなくても、持ち手を持てば熱くないので出し入れも楽。指先の動きが、若いときほどでなくなったシニアにも安心です。

「ミルク沸かしのような小さな鍋で、1人分の材料を煮炊きするほうが楽」というかたは、今までどおりのやり方で。

電子レンジは炒めたり、揚げたりの調理はできません。それらしく見せるために、油を香りづけ程度加えるだけ。糖尿病食作りには、カロリーが低くぴったりですが、一般

の人は電子レンジ一辺倒で食事を調えていると、油の摂取が足りず、カロリー不足に陥ります。

電子レンジのW数別加熱時間表

500W	600W	700W	800W
40秒	**30秒**	30秒	20秒
1分10秒	**1分**	50秒	50秒
1分50秒	**1分30秒**	1分20秒	1分10秒
2分20秒	**2分**	1分40秒	1分30秒
3分	**2分30秒**	2分10秒	1分50秒
3分40秒	**3分**	2分30秒	2分20秒
4分50秒	**4分**	3分30秒	3分
6分	**5分**	4分20秒	3分50秒
7分10秒	**6分**	5分10秒	4分30秒
8分20秒	**7分**	6分	5分20秒
9分40秒	**8分**	6分50秒	6分
10分50秒	**9分**	7分40秒	
12分	**10分**	8分30秒	

シニアに限らず、若い人でもダイエットなどでカロリー不足になると、足の筋肉が分解されて脳のエネルギー補給に使われ、動きが鈍くなります。

「後始末を考えると揚げ物をやりたくない」というときは、市販のフライなどを電子レンジで温めたりして、油を補うことを意識したほうがいいかな、と思っています。

16　ムラカミ流電子レンジ調理　6つのメリット

①少量が得意！　おいしい！

調味料、食材が少ないと火加減が難しく、少量のための調理は面倒です。でも、電子レンジ調理ならメイン料理、ちょっとしたおかずやご飯炊きも、1人分や少量がカンタンでおいしくできます！

②栄養を逃しません

電子レンジ調理は、たっぷりの湯や調味料を使うことはありません。食材の持っている水分を利用しながら、少ない水・調味料で短時間に作るため、栄養成分を逃さず、素材の味を活かした料理に仕上がります。

③火を使わないから安全

うっかり鍋をガスにかけたまま！ 火の消し忘れ！ という心配は無用の電子レンジ調理。設定時間になれば自動的に止まるため、空焚き、オーバー加熱をしなければ、安全安心の調理器具です。

④ヘルシー、おいしい！

炒め物や揚げ物風メニューも、油は少量で、本格的な料理に仕上げる電子レンジ。調味料はほぼ2／3以下の量ですみます。しっかりした味わいでおいしいと好評です。生活習慣病の予防や改善につながります。

⑤片づけがとにかく楽！

重い鍋やフライパンを使うことなく、耐熱容器1つですむ電子レンジ。使う油も少量のため、洗い場がギトギト油に悩まされることもなく、片づけが短時間で終わります。

⑥チン！ となるまでフリータイム

鍋の中の様子や、火加減を気にする必要のない電子レンジ調理。素材を切って、調味料と合わせたら、電子レンジに入れて時間を設定。

あとは、チン！　となるまでこちらは自由。といっても、たったの2分ぐらいなのにじっと待つと長く感じられます。働き者のムラカミは、手持ち無沙汰はやるせない。レンジの上や周りを布巾で拭いたり、盛りつけの食器を出したりしています。

17 電子レンジを選ぶ

2014年、夫が天国に旅立ちました。その際、「さあ、これからは活動拠点を福岡1カ所にしぼって、皆さまのお役に立つことをやっていこう」と決めました。

近年、自分で料理を作って食べなければならない、シニア層が増えました。高齢になるにつれ、食事作りが負担になってくると低栄養になりかねません。

一方、長生きのコツは頑張りすぎないこと。そこで登場するのが電子レンジです。

電子レンジは、温め直しや冷凍食品の解凍のほか、加熱調理にも使えます。私が福岡で電子レンジ実習教室を始めたのは、長年仕事で培ってきた知識と、「早・うま・カンタン調理が、シニアの皆さんのお役に立てば」の思いから。

電子レンジの実習教室のために、福岡のスタジオの電気系統を工事しました。電子レンジ20台を同時に使えるように、電気系統を強化したのです。これをスタッフに相談したら、「その年になって、今更お金を使わなくてよい」、と反対されるに決まっています。

黙って工事を進めて終了。

受講生は60～80代。私は、2時間でも3時間でも立ち続けられますが、私より若いだろうと思われる生徒さんはできません。テーブルにつき、イスに腰かけて「ここがポイント」というところだけ実習。レンチン料理は、ひとりずつ自分で加熱して仕上げます。

一般の料理教室のように、〝4人分を誰かが仕上げて自分は何もしなかった〟という事態は免れます。

電子レンジは2種あります。

①電子レンジ機能だけ
②オーブン兼用の機種

オーブン機能を使うと、庫内は200℃や230℃の高温になります。電子レンジの電磁波は、あの箱の中に入っているマグネトロンから発射されますが、このマグネトロンは高温に大変弱いのです。１００℃以上になるとダメージを受け、効力が落ち、電子レンジ機能の寿命が短くなります。

私は、電子レンジを使い始めて54年。毎日、レンチン料理をし、記録を取ります。商売柄、オーブンレンジも持っていますが、５年で買い換えています。一方、電子レンジ機能だけの機種は、いまだに２００１年製と２００２年製を使っています。

メーカーの話によると、電子レンジは25年間、現役で使えるそうです。ターンテーブルは強化ガラス製。割ったら、部品は在庫がありません。

「ターンテーブルは外して洗う」「庫内をこまめにふく」など使った後は手入れをします。まだしばらく、現役として働くことでしょう。

これから電子レンジを購入するかたは、ターンテーブルなしの機種・フラットタイプが食材の出し入れがラクで、庫内の掃除もカンタンでいいかなと思います。

18　浸水なし！蒸らしなし！おいしい炊き立て「レンジご飯」

電子レンジでお米を炊きます。

［材料］　２人分

米１合（１５０g）／水２５０ml

［作り方］

①米は洗って水を切り、耐熱容器に入れ、分量の水を注ぐ。両端を５mmずつ開けてラップをする

②電子レンジ６００Wで５分加熱し、沸騰したことを確かめてから、電子レンジ弱（１５０〜２００W）、または解凍キーに切り替えて12分加熱する

※米を倍の２合で炊くときは、水は２倍の４８０ml。電子レンジで７〜８分沸騰するま

で加熱し、弱（150～200W）または解凍キーに切り替えます。加熱の時間は、12分で変わりません

電子レンジご飯がおいしい理由

電子レンジなら、米は浸水時間なしで炊けます。

米は、15・5％の水分を含んでいます。電磁波の電極の動きは1秒間に24億5千万回も向きを変えるほど速いのですが、分子量の小さな水の分子は、電極の変化についていくのにぴったりなのです。電磁波が、米粒の中の水分と、後から加えた水分の両方に同時に当たります。つまり、米粒は内と外から〝ダブル加熱〟されるようなものなのです。だから、浸水時間がゼロでも、ふっくらと炊けるわけです。

「米を洗ったらざるに上げて、30分浸水させてから炊く」、ということが身についている人にとっては、目からうろこのマジックのように思われるかもしれませんね。

19　レンチン野菜炒めでカラダとキレイをつくる

今日は野菜がちょっと足りないかな、と思ったら「野菜炒め」

家族から、「油ベタベタ」「味がイマイチ」といわれるのですって！

炒める前に、野菜だけ電子レンジ６００Wで１００gにつき30秒加熱。ボウルを傾け、野菜から出た水気を切る。私は、スパゲティのペペロンチーノ方式の味つけです。

［材料２〜３人分］
〈野菜〉合計で正味３００g（キャベツ３枚〈１５０g〉、タマネギ、ニンジン、ピーマン各50g）
ニンニクのみじん切り1かけ分／オリーブ油大さじ2／刻み赤トウガラシ小さじ１／２／塩小さじ１／５／コショウ少々

［作り方］

①キャベツは一口大にちぎり、タマネギは幅1㎝のくし形切り、ニンジンは短冊切り、ピーマンはへたと種を取って乱切りにする。耐熱容器に入れ、電子レンジ600Wで1分30秒加熱

②フライパンにニンニクとオリーブ油を入れて弱火にかけ、ニンニクが色づいてきたら赤トウガラシを加える。ひと混ぜし、はじけてきたら火を止める

③❶の耐熱容器をレンジから取り出して傾け、野菜から出た水分を切る。❷に汁を切った野菜を加えて強火で炒め、塩、コショウをふる

ちなみに、刻み赤トウガラシを使うと、イタリアのミラノやローマで食べる風に仕上がります。これは、市販品の輪切りトウガラシを、フードプロセッサーに2枚刃をセットし、粗みじん切りを作ります。ホールの赤トウガラシを使うときは、両端をハサミで切り、箸で突いて種を全部除いてから、フードプロセッサーにかけてください。

20　焼いてからレンチンで超美味肉詰め

ニワトリが、昔、空を飛んでいたときに羽を支えていたむね肉。今でも、その名残りの強靭な筋肉を持ち、アミノ酸が豊富です。疲労回復効果が高いといわれています。この鶏むね肉で肉詰めを作る際には、レンジを活用すると、簡単に、そして確実に火が通ります。

鶏むねひき肉は脂肪が少ないので、つなぎのパン粉を加えたらまとまる程度にそっと混ぜると、ふんわり感が残ります。

ピーマンの鶏むねひき肉詰め

［材料2人分］

ピーマン3個（正味75g）／鶏むねひき肉（皮なし）160g／おろしショウガ小さじ1／2／サラダ油大さじ1／Ⓐ（酒大さじ1、塩小さじ1／5、パン粉大さじ3、コショ

ウ少々）／ピザ用チーズ大さじ2／パセリ（みじん切り）少々

［作り方］

①ピーマンは縦半分に切って、ヘタと種を取り除く
②ボウルに鶏ひき肉とショウガを入れ、Ⓐを加えて軽く混ぜ、6等分し、❶に詰める
③フライパンを中火で温め、サラダ油を流し、❷の肉を詰めたほうを下にして並べ、2分ほど焼いて焼き目をつける
④耐熱皿に肉側を上にして並べ、ふんわりとラップをして、電子レンジ600Wで4分加熱する
⑤取り出してラップを外し、ピザ用チーズをふり、ラップを戻し、1分ほどおいて余熱でチーズを溶かす

21 ムラカミ式市販の総菜レンチン術

次に、総菜をおいしく活用するテクニックを紹介します。同時に野菜がたっぷり取れ、塩分や油分をほどよく薄めてくれる方法です。総菜の容器は、裏に返すと〝レンジOK〟の刻印が。その場合、ひっくり返してかぶせ、ラップ代わりに。

野菜をプラスして濃い味を生かす！

◆麻婆豆腐＋ナス

ナス1本（100g）を輪切りにして、模様のないふだん使いの器にのせ、麻婆豆腐（1人分100g）のふたを取り、容器（耐熱）ごとひっくり返してガバッとのせ、電子レンジ600Wで3分加熱する

麻婆味と相性のよいナスも入って超お・い・し・い。

◆八宝菜＋キャベツ

キャベツ１００gをちぎって食事用の皿に入れ、八宝菜（１人分１００g）のふたは取り、容器（耐熱）ごとひっくり返してのせ、電子レンジ６００Ｗで３分加熱する

キャベツが増えて、味もちょうどいい感じ。うずら卵・エビ・豚肉・シイタケ・タケノコ、ニンジン、サヤエンドウ、ベビーコーン……と、盛りだくさんの具材。ひとり分で、こんなに多種類が食べられます。

◆エビのチリソース煮＋ニラ

３㎝長さに切ったニラ１００gを模様のない器にのせ、えびチリ（１人分１００g）を容器（耐熱）ごとひっくり返してのせる。電子レンジ６００Ｗで３分加熱して混ぜる

野菜にニラが増えて、味加減もちょうどよい感じです。

イモをプラスして油っこさを解消！

◆鶏肉の唐揚げ＋ジャガイモ

ジャガイモ小1個（100g）を一口大に切って耐熱の器に入れ、唐揚げ2個（100g）をのせる。ラップをかけて電子レンジ600Wで3分加熱する

唐揚げの油分と塩分がほどよくジャガイモにまわり、おいしく食べられます。

水で油と塩分を流して減らす！

◆筑前煮＋水

筑前煮（1人分100g）を耐熱の器に移し（惣菜容器が耐熱ならそのままでOK）、水を大さじ2かける。電子レンジ600Wで1分加熱し、水を捨てる

水に調味料と油がほどよく溶け出し、味をそこなわず、おいしく食べられます。

22 白米倍速モードの本当の機能

炊飯器の白米倍速モードは、「急ぐときに押すボタン」ではありません。

ＩＨ機能で、米粒の内と外からＷ加熱し、炊飯時間を短縮。そして、〝カニの穴が開いた〟おいしいご飯を炊く機能です。


炊飯器のふたのボタンを見ると、取消／切る／炊飯スタート、普通／やわらか、おかゆ／玄米、白米倍速／保温／再加熱と並んでいます。

ご飯を炊くとき、あなたはどのボタンを押しますか？


炊飯↓スタートを押すと、炊き上がるまで48分。

白米倍速↓炊飯スタートを押すと約24～34分（メーカー説明）。

この違いはどこで出るのでしょう？

ふたに〝ＩＨ〟の刻印がありますね。ＩＨ機能が搭載されているのは、２０００年以降に生産が開始された炊飯器では当然でしょう。

ここで話を戻して、「Ｐａｒｔ２⑱〝浸水なし！蒸らしなし！おいしい炊き立て「レンジご飯」〟を読んでください。それが答えです。

以前、ＮＨＫテレビ・生活ほっとモーニングのディレクターさんと、「とにかく間に合う塾ご飯」の収録で、千葉の主婦のかたを訪ねました。

〝中学生のご子息が学校から帰って塾に出かけるまでに、夕飯を作って食べさせたい〟、という設定です。

「一番困るのは、ご飯炊きが50分近くかかること」とお母さん。

「白米倍速モードでどうぞ」

「エッ、これは急ぐときに使うボタンで、おいしく炊けない！と思っていました！」

23 炊飯器でおかゆも軟飯も上手に炊こう!

奥さんに先立たれ、息子さんと、88歳の母親と暮らしている60代の男性が、教室に見えました。

「コンビニやスーパーで惣菜を買っていますが、おかゆの炊き方がわかりません」

これはとても簡単です。米を洗って炊飯器の内釜に移し、水を加えて「おかゆモード」で炊きます。おねばが外にこぼれず、おいしく仕上がるのでおすすめです。

全がゆ

[材料2人分=できあがり300g]

米50g/水300ml

[作り方]

①米を洗ってざるに上げ、水切りする

②炊飯器の内釜に入れ、水を注ぐ
③おかゆモードで炊く

軟飯

【材料2人分=できあがり300g】

米90g／水240㎖

【作り方】

①米を洗ってざるに上げ、水切りする
②炊飯器の内釜に入れ、水を注ぐ
③やわらかモードで炊く

軟飯も全がゆもそのままおくと、米粒が水を吸ってしまい、軟らかいご飯になってしまいます。食べない分は、ふたつき容器に取り分けて、即、冷凍します。
冷凍軟飯や全がゆ1人分（150g）は、凍ったまま容器に入った状態で、電子レンジ600Wで3分加熱します。すると、温かくてとろみのある軟飯やおかゆに戻ります。

24 冷凍冷蔵庫をおひとりさま用に買い換えました

25年間使った、356ℓのフロン冷凍冷蔵庫が壊れました。これを期に、おひとりさま用に小型を購入。

選んだ冷凍冷蔵庫の容量は冷凍庫46ℓ、冷蔵庫88ℓ。扉は右開きだけ。「かってに氷」機能はありません。昭和39年の結婚当初のように、製氷皿に水を張って、氷を作っています。

コロナ禍の自粛生活の最中に、食材を満タンにして暮らしてみました。1日3食食べても、私ひとりなら5日間は暮らせます。半端に余った野菜や肉をかき集めてひとり鍋にすれば、1週間は暮らせると思います。

でも、困ったことがあります。朝食のとき冷蔵庫から食材を取り出した後、半ドアになっていましたが、警告音が鳴らないのです。お昼に自室に戻って、始めて気がつきました。これからは意識を高く持ち、注意を払おうと、自分にいいきかせ。

冷蔵庫は食品以外も収納する

ひとり暮らしになってから、常温で保存可能なものも、冷蔵庫に入れています。肉、魚の缶詰やシイタケ、昆布、切り干し大根などの乾物、スパゲティ、そば、そうめんなどの乾麺や餅など。紅茶や日本茶の缶、到来物の干菓子2～3個です。

以前は、「乾物はこの引き出し」「缶詰はこの棚に」と、あちこちに収納していましたが、今は冷蔵庫にまとめているので、あわてて探すこともありません。

私は調理に使う小物も冷蔵庫に入れています。缶切りにワインオープナー、鍋敷き、米の計量カップなど。先日、白内障の手術を受けたので、その目薬も入れています。人は驚きますが、その顔を見るのも楽しい。

「こういう収納もありか！」と納得されます。

野菜室には野菜やフルーツの他に、白米や玄米も。乾物ではありますが、糠や胚芽の部分には脂質、たんぱく質も含まれていて栄養分たっぷり。外に出しておくと、穀象虫の格好のエサになることもありますし。

薬味野菜は、野菜庫に入れる前に、ひと手間かけます。ネギ、カイワレ菜、青ジソ、ミョウガ、ショウガなどは、刻んで冷水に放してアクを抜き、ざるへ上げてキュッとしぼり、ふたつき容器に入れて野菜室へ。

これを、みそ汁、納豆、卵かけご飯に混ぜる。マヨネーズと合わせ、スティック野菜のディップにする。古びそうなときは、チャーハンを作るときに混ぜて片づけます。

25 ムラカミ式おひとりさま冷蔵庫術の極意

私が冷蔵庫に収納するときは、見やすい＝取り出しやすい＝使いやすい＝掃除しやすいが基本ルール。

私たちの体は、食べたものでできています。保存の効くバターや水は別として、「冷蔵庫に入れたものは3日以内に食べきる」ことにしています。

半透明色、ポリプロピレン樹脂の耐熱＋112℃、耐冷-10℃のふたつき容器2種、小350㎖（10・5×10・5×高さ6㎝）、中630㎖（13×13×高さ6・5㎝）に中身を詰めてふたをすれば、冷蔵庫の中で重ねることができます。透明なので、中身がわかります。

350㎖容器には、発芽玄米と白米ミックスの炊き立てご飯を150gずつ詰め、湯気ごとふたをして冷まします。この、〝湯気を一緒にパッキングする〟テクが、レンチンしたときふっくら炊き立てご飯に戻るか否かのわかれ道。

次に、おかずを詰めるときのテク。一度に食べ切れない、ナスのみそ煮などは、350㎖容器に半分詰めます。私の1回のおかずによい量になります。

ジャムやサルサ・ジェノベーゼ（バジル、ニンニク、アンチョビー、パルメザンチーズ、オリーブ油で作るジェノバ風ソース）は、120㎖容量のガラス瓶に詰めます

少量は作りづらいので、まとめて4個作ります。冷蔵するのは1個のみ。あとは冷凍して、鮮やかな緑色をキープします。

私は毎日、同じ食材を食べていますが、自分を飽きさせないための食欲起爆剤、ムラカミの元気の元、血液循環を促す「にんたまジャム®」も瓶詰めです。

冷凍庫に移ります。

私が開発した、おひとりさま用の「凍ったまま使える1人分冷凍パック」は、「肉などのたんぱく質食材50g＋野菜100g」が1パックの基本です。一口大に切ってジッパーつき袋（Sサイズ）に詰めて冷凍します。

たんぱく質食材は、豆腐や砂を吐かせた殻つきアサリ、だし巻き卵などもおすすめ。

冷蔵庫の余り物を詰めています。

これを、凍ったままマグカップに移して、電子レンジ６００Ｗで3分加熱します。取り出して、水１２０㎖と液状みそ小さじ2や、ゴマ油としょうゆなどの調味料を加え、ラップはしないで2分チンすると、みそ汁や中華風スープが完成です。

電子レンジ６００Ｗで3分加熱した発芽玄米や白米ご飯と一緒にいただきます。

26 2秒で勝負！フードプロセッサーの威力

フードプロセッサーをご存じですか？

粗みじん切り、みじん切り、ペーストやピューレを作る調理家電です。ミキサーと違って、無水でも回ります。
①モーター内蔵の台②ボトル③ステンレス製2枚刃（カッター）④ふた、の4部構成。
2秒で粗みじん切り、4秒で細かいみじん切り、8～10秒でペースト状になります。

私はタマネギのみじん切り、黒糖のかたまりをすりおろす、大根おろしを作るなど、おろし金代わりに使います。おろし金ですった大根おろしを頼んでいた夫はいませんから。

フードプロセッサーを電源につないでビーンとやります。

フードプロセッサーは、日本の高齢者に不足しがちといわれているたんぱく質源の肉、魚介類、豆類なども、カンタンに刻んでくれます。

完成料理のチャーシューや鶏の照り焼きも、フードプロセッサーにかければ2秒でみじん切り。ここでつなぎの油（私は、ふだん不足しがちなオメガ3脂肪酸の取れるアマニ油）と、ほんの少量のワインビネガーを加えてひと混ぜし、食パンに塗ります。

もう1枚、同様にペーストを塗った食パンを重ね、ピザ用チーズをトップにのせ、トースト。クロックムッシュの完成です。

「これ、高齢者のレシピ？」と疑いたくなりますが、パンはもともと小麦粉でできています。一口サイズにして口に運べば、たとえ舌と上顎だけでも（日本介護食品協議会が定めたユニバーサルデザインフードで、ステージ4にあたる口内状態）、唾液で湿らせ、のどの奥に送り、のみ込めます。私の経験からの話です。

私の料理教室では、電子レンジやフードプロセッサーなどの調理家電も使います。いくら料理の幅を広げ、簡便で重宝といっても、上手な使い方がわからなければ、購入しても宝の持ち腐れになりかねません。調理家電の購入を思い立ったら、一度、詳しい人に使い方を教わりながら、自分で操作してみるとよいですね。家電ショップでは、陳列品を電源につなぐことは御法度ですから。

参考として、私の愛用しているフードプロセッサーを紹介します。

フードプロセッサー「あじのさと　Wスピード」

1人分から4人分までの食材（合計100〜400g）を一度に刻んだり、混ぜたりできます。少人数家庭では、フードプロセッサーは容量0・5ℓ程度が便利。作動中の安定性がよいものを選びたいものです。

この製品は本体がステンレス製で丈夫で軽く、洗いやすいのが特長です。刃は2枚刃で、肉のすりつぶしも根菜のみじん切りもラクにできて音も静か。附属のおろし金は、大根や長いものすりおろしに使えます。


26,400円（税込）／幅15㎝×奥行き22㎝×高さ24㎝／3.1kg／山本電気㈱　0570-014-958

27　おかゆや軟飯は手軽でおいしいトロミ剤

私は、西日本新聞で毎週木曜日、「介護の味方」というテーマの連載コーナーを持っています。私は40歳のときの慢性顎骨骨髄炎の手術に始まり、口腔外科とのつきあいは40年を超えています。「介護の味方」レシピを編み出す適任者と自分で思っています。

といっても、「毎食フードプロセッサーで野菜を刻み、重曹水（水1カップに重曹小さじ1／3）で柔らかくなるまでゆで、水でゆすぎ、改めてシチューに仕上げる」など、現実の問題としては時間がかかって大変。

また、介護食では主菜や副菜をペーストやピューレ状にして、つなぎに市販のトロミ剤を加えることがよくあります。トロミ剤のパッケージの裏面に記載されている原材料名は増粘多糖類。増粘多糖類には、海藻抽出物のカラギーナンやアルギン酸を使う場合が多いのですが、私は海藻アナフィラキシー（海藻を食べて、急激に危険なアレルギー症状が起こること）で一度、生命の危機にさらされました。この成分は身の毛がよだつほど恐ろしい。

おかゆや軟飯があれば、十分トロミ剤の役目を果たしてくれます。あとはかむ、のみ込むがしやすい主菜、副菜があれば0Kです。

老々介護をしている人や、実の親御さんだけでなく、同じ敷地内に母親の姉も住んでいる人にとっては、毎日のご飯作りは手間も時間もかかります。根気が続かなくなったときは工夫も必要です。

スーパーの惣菜コーナーに行ってみました。

購入したのは、オクラのゴマあえ1パック（30g）、筑前煮（鶏肉、タケノコ、レンコン、ニンジン、サトイモ）1パック（50g）、ぜんまいとがんものうま煮1パック（こんにゃくもあり）（60g）、サバの煮つけ1切れ1パック（60g→骨を除いて正味50g）

帰宅後、フードプロセッサーに二枚刃をセットして、それぞれを加えて回します。いずれも見事なみじん切りに。サバはふわふわのそぼろのようにできました。

白いおかゆに添えて、これらを私が試食しました。普通においしい、いつもの食事！という感じでした。

28　おひとりクッキングの調理道具は１００円ショップで揃えよう

使う道具はこれだけ。調理も後片づけも、ラクにできます。すべて１００円ショップで購入しました（ロシアのウクライナ侵攻前）。

①ふたつきラーメンどんぶり（電子レンジ可）
②スライサー兼おろし金
③ピーラー
④ゴムべら
⑤小まな板
⑥ペティナイフ
⑦大さじまたは食事用のカレースプーン
⑧小さじまたはティースプーン

29　超便利！　私のこだわり調理小物

私が愛用している調理小物を紹介します。

ゴムべら「瓶・缶用スクレーパー」

食品ロスを減らすためにも、瓶などの中身を使い切りたいと思います。この製品は、弾力のあるシリコーン樹脂製のへらで、幅が狭く先がカーブしています。瓶や缶の中身、容器についた油分などを、きれいにすくい出します。

柄の先は、缶詰などのプルトップを開けるときにも使えます。

オープン価格　幅 3.5㎝×長さ 19㎝
レック㈱　https://www.lec-online.com/

洗い物用ブラシ「タッパーブラシ」

食器洗いのスポンジでは、細部の洗い残しが増えます。この製品は幅２㎝×長さ３㎝のブラシと、先には幅１㎝のブラシがついています。柄の形状は力が入りやすく、密閉容器のふたの溝や、樹脂製まな板の表面の溝など、細かい部分も力を入れてこすり洗いができます。お仏壇のろうそくを消すときに使う灯明消し器も、湯とタッパーブラシで洗っています。

ポリプロピレンとナイロン製
耐熱温度80℃（ブラシ）、100℃（柄）
耐冷温度－30℃（ブラシ）、－20℃（柄）

1540円（税込、4色セット）　幅2.1㎝×長さ15.1㎝
タッパーウェアブランズ・ジャパン㈱
https://www.tupperwarebrands.co.jp

30 ひとりで楽しむひとり鍋のシンプルルール

日経新聞に「働く女性の一週間のひとり鍋」を掲載しました。

２００６年2月のことです。

すると、「そのとおりに作ってみると、大変快調」というメールが届きました。

働くひとり暮らしの女性は外食ですませたり、コンビニのお総菜に頼ることが多いそうです。でも、ひとり鍋なら主菜も副菜も汁も同時にできあがり、鍋ひとつですんで、後片づけもカンタンです。

「新聞掲載の鍋のとおりに作ったら、今までの3倍以上の野菜が食べられ、朝はおなかがすいてスッキリと目覚めます。朝ご飯もおいしい」「ファンデーションののりがよくなりました」「脚のむくみも取れました」とメールにありました。

お鍋は栄養バランス抜群。究極の手抜き料理です。

ひとり鍋のルールは、**「水1カップ+たんぱく質源100g+野菜200g」**

この鍋は、単身赴任や独身男性にも好評です。

「最近、体重が増えて生活習慣病にならないかと心配。だけど、面倒なことはやりたくない」というかたにもおすすめ。

ハマチのつゆしゃぶ鍋

［材料1人分］ ハマチの刺し身100g／水菜100g／大根50g／長ネギ50g／水1カップ／白だし（市販品。または3倍濃縮タイプのめんつゆ）大さじ1／小ネギの小口切り適量

［作り方］

①水菜は4㎝長さに切る。大根は縦四つ割りにしてからスライサーでイチョウ切りにする。長ネギはネギカッターでせん切りにする

②ボウルに水（分量外）を張って❶を入れ、しばらくおいてシャキッとしたらざるに上げて水気を切る。皿に盛り、上に刺し身をのせる

③鍋に分量の水と白だしを入れて煮立て、❷の具材を少しずつ入れ、刺し身の色が変わったら器に取り、小ネギを添えながら食べる

鶏なべ

[材料1人分] 鶏もも肉100g/キャベツ2枚(100g)/シメジ1パック(100g)/水1カップ/Ⓐ(しょうゆ、みりん各大さじ1)

[作り方]

①鶏肉は食べやすい大きさに切る
②キャベツは3㎝角に切る。シメジは石突きを除いてほぐす
③鍋に分量の水とⒶ、❶、❷を入れて中火にかけ、肉に火が通るまで6~7分煮る。火が通ったら、汁と一緒に器にとって食べる

ポトフ風なべ

[材料1人分] フランクフルトソーセージ100g/ジャガイモ1/2個(70g)/タ

マネギ1/4個(50g)/ニンジン小2/3本(80g)/水1カップ/Ⓐ(トマトケチャップ大さじ1、顆粒ブイヨン小さじ1/4)/粒入りマスタード適量

[作り方]

①ソーセージは1㎝厚さに斜めに切る。ジャガイモは皮をむいて2等分に、タマネギも2等分、ニンジンは一口大の乱切りにする

②鍋に分量の水とⒶ、❶を入れて強火にかけ、煮立ったら中火にしてふたをし、ジャガイモがやわらかくなるまで10分ほど煮る

③器に取り、マスタードをつけて食べる

Part 3　ヒト

1　かっこいいことが大好きです

私はかっこいいことが大好きです。

いじましいことは大嫌い！

最後まで気取っていたいと思います。

ニューメキシコの荒野の一軒家で最期まで仕事をした、アメリカを代表する女性画家、ジョージア・オキーフのように、自分らしさを貫いて生きていきたいと願っています。

中学生の頃、道を歩いている私とすれ違った父が、家に帰って母にいったそうです。

「祥子はなぜ、あんなに気取って歩いているのかね？」

3人の子どもたちを見ていて思います。人間は持って生まれた性（さが）がある。性分ともいいますね。そのとおりに行動を起こし、人生を歩んで行くのだと。

生来の気取り屋さんの私を観察してみました。

実にエネルギーを使うのです。かっこいい自分でいるためなら苦にせず、いろいろ動きます。損得勘定をしながら歩を進めるのが人間という動物と思っていましたが、気取りのためなら計算抜きで動きます。

「気取る」とは、「かっこよく見せる」こと。自身の佇まいだけでなく、家の中のことも。

絵画が好きで、壁面にかけています。父の自画像。疎開先の家の畑の向こうに見える藁葺き屋根の小屋の水彩画。これも父が描いたもの。こちらの壁には父がニューヨークの妹の家で描いたピンクのドレスの女の子のスケッチ、ストラビンスキー、マリー・ローランサン、クヴィエッタ・パッツゥスカー、有名無名取り混ぜて並びます。それらの絵の下に、チェコスロバキアの王宮の毛皮の帽子をかぶった門衛さんと並んで立つ、ボルサリーノをかぶってオーバーコートを着た私の写真。額が少し傾いでいたら元に戻します。その前にあるアームチェアが斜めにずれて置かれているのも直します。気がついたことはこまめに手をかけます。体を動かすことが苦にならないのです。誰かが訪ねてくる予定がなくても、です。こうやって82年間生きてきました。

気取るという行為は私が持って生まれた性……と、やっと悟ったところです。

2　82歳、79歳の姉妹の健康寿命

野菜の活用で人生100年

2階の仕事場に戻ってくると、置きっぱなしにしていたスマホに着信メモリーが。「もしもし」と電話をかけると、「お姉ちゃん！」と妹の声。傍から見れば、「いい歳をしたおばあさんが、お姉ちゃんとは…？？」の世界ですが、本人たちは至ってまじめ。

２０２３年７月初め、九州は大雨が続きました。電話の用件は大雨見舞いでした。「私の住んでいるところは大丈夫」と返し、ついでに「私もあなたも長生きね！」。「そうね、心臓弁膜症だの、膠原病だのと小学校の頃は休みがちだったけど……」と、感慨深げに妹が語ります。

医学の進歩のおかげで、人生１００年も現実の時代になりました。乳幼児のときから予防接種で免疫力を上げ、長じてはワクチン摂取で体を守ります。

神様が設計した人間の命は50歳。それ以降の人生は変化していく体の機能を受け入れ、対応していく力が求められます。

人間は呼吸をするたびに酸素を取り入れ（生命活動）、エネルギーを生み出します。エネルギーを産出すると、炭酸ガスと水が残ります。炭酸ガスは吐く息とともに空気中に戻り、水は汗や尿になって体の外へ出されます。そのあとに残るのが活性酸素で、糖尿病、高脂血症、高血圧症などの生活習慣病を引き起こす要因となるのです。

１９９０年、アメリカ国立がん研究所がデザイナーフーズリストを作成し、活性酸素から体を守る野菜の健康パワー、いい換えれば野菜の機能性成分（植物の色素、香り、苦味、渋味など）、ファイトケミカルを発表しました。

人間にはつくり出せないファイトケミカルを野菜やハーブ、果実、穀類からもらうことで、健康寿命の延伸に貢献すると思います。

3　チャンスの神様は前髪しかない

「チャンスの神様は前髪しかないのよ」。母によく聞かされた言葉です。

「前髪しかないなんて、ずいぶんへんな神様ね」と思っていました。

「チャンス！　と思ったら、すぐつかまえないと間に合わない」という意味だそうです。

　1980年代、北九州の八幡に住んでいたとき、妹の長男が交換留学で英国のイートン校に行きました。代わりに1年間、イートン校の高校生を妹の家で預かったわけです。日本の高校は全寮制ではありませんでしたので、1年間もホームステイの高校生を預かるのは、妹にとって重荷でした。

「1カ月預かってね」と頼まれ、彼はしばらくわが家に逗留していました。

　予備校に通っていたわが家の末の息子と一緒に大相撲の九州場所を見に行くなど、「何をあんなに話すことがあるのかしら…」と思うほど、仲よく過ごしていました。

　その彼に、「チャンスの神様は前髪しかない」という教えは、「イートン校の校訓」だと教えてもらいました。

母親の薫陶宜しく、私は何事もチャンスを自分からつかみにいくタイプ。

1963年、大学3年生・21歳のときの話です。学生課の掲示板に、米国に本社があるPC会社の求人票を発見。かねてから私は、米国の医療と栄養の関わりに興味があり、まずは手がかりに「大学を卒業したら本社が米国の会社に入社する」と決めていました。その会社の試験日が、大学が企画した関西の薬品・医療メーカー見学旅行の日程と重なっていたのです。そのため、学部長に見学旅行への不参加を伝えて、大学に残りました。

ところが、履歴書を学生課に持参すると、なんと試験日がその当日にくり上がっています。「そんなぁ…」と泣きながら、学校を囲む田んぼのあぜ道を走って、国鉄（当時）の駅へ。試験会場のある町まで、特急列車でかけつけました。その列車に乗る直前に、駅から母親に電話をして、受験の交渉を頼み、最寄り駅からタクシーで会場へ。

すると、既に試験が終わってぞろぞろ出てくる受験生の中に、同じ大学の英文科の学生を見つけ、鉛筆と消しゴムを借りて試験場へ入りました。こうして、なんとか試験を受けることができました。

学科試験を無事通過し、次の面接の知らせを受け、一張羅のワインレッドのスーツで臨みます。結果、1人しか採らない枠に無事採用が決まりました。

1976年、東京中野に住んでいたときに、CBSソニーファミリークラブがラゴスティーナの圧力鍋を販売することに。新聞広告を見て、「ハードの説明だけですね。中にビーフシチューが入っていると……」と電話をかけました。すると、通販部の部長と課長がお越しになり、次の新聞広告の仕事をいただきました。

ラゴスティーナ圧力鍋の輸入元・イタリア商事より、1978年に『圧力鍋クッキング』の単行本を出版しています。

1981年、夫が転勤になり、北九州市八幡に引っ越し、仕事がすべてなくなり、福岡市に本社がある西日本新聞社文化部に、料理レシピ掲載の打診に行きました。新聞社の受付のグレーヘアの美しい女性は、突然の訪問に、相当驚いたようでした。文化部の次長様が会ってくださり、「うちでは扱うスペースがありません」と断られます。

その後も、東京で仕事をしていた雑誌や単行本が出るたびに送りました。

半年たった頃、「預かっている1ヵ月分、5回だけのせてみましょう」と電話がありました。

「いえいえ、そんな古い原稿はいけません」

ちょうど、映画「怒りの葡萄」で主演したヘンリー・フォンダが亡くなったときでしたので、その映画に登場した「塩豚」をテーマにレシピ原稿を1ヵ月分仕上げ、福岡まで届けに。以来、このコラムは足かけ42年続いています。

4　捨てられないもの・その1

父、大島虎雄（おおしまとらお）が慶応義塾大学の学生だった20歳の頃の自画像を、スタジオの中央の壁にかけています。Tシャツに木綿のシャツを羽織った姿は、現代の若者といっても通用する姿。絵画の専門の道に進みたかっただろうと偲ばれる、思い出の品です。

父は、大学時代の友人たちにも、絵入りの手紙を送っていたようです。

2023年2月、NHKあさイチに出演した後、友人の娘さんから電話がありました。

「自分の父にもらった手紙を、そちらに送ってもよろしいか？」という問い合わせでした。

もちろん、ありがたく送っていただきました。

電話の主も私と同年代？　終活の整理だったようです。

故人の子ども世代のやり取りとなりました。

私の子どもたち3人には、離れて住むおじいさん2人に毎週、葉書を書かせていました。私の父の返事は、いつも手書きの絵葉書でした。
「おじいさんは汽車にのって出かけました」とあり、線路を走る国鉄の列車の窓から、細身のおじいさんがシャッポを手にこちらへにっこり、の絵入り。

父の存命中、額装して「孫たちへの絵手紙展」を開催。新聞やNHKで紹介され、会期中は沢山のお客様が来場され、受付に孫たち3人が立ってお出迎え。絵手紙を1枚1枚お読みになるかたが多く、会場は渋滞に。

これらの絵手紙も、捨てられないものです。

5　捨てられないもの・その2

私の背丈を抜いて160cmを越えた孫の凜沙子、8歳のときの絵手紙です。「私のおばあちゃんは村上祥子。おばあちゃんは料理の先生だ！」とリズミカルな詩の入った手紙。大切な品です。

1985年、㈱講談社より生まれて初めての書き物の本、『わたしの家事㊙ノート〜お料理上手は暮らし上手』を出していただきました。その執筆にあたって、当時の生活文化局・笹川様よりいただいた、扇谷正造著『現代文の書き方12の心得』（講談社現代新書・昭和40年発行）は、何より大切な捨てられないものです。

福岡と東京のムラカミスタジオの2ヵ所で、合計10年間働いたスタッフがいます。やっちゃんといいます。彼女からのメールも、捨てられないものです。

「村上先生から学んだこと

①物を増やさず、執着せず、健全に暮らしていく
②バランスよく食べていれば、身体もついてくる
③自身が実践して、手の内はすべて公開
④数字で示せるところは明快に示せば、とてもわかりやすく正確
⑤そして、人と人をつないでいくこと
⑥悔やまない
⑦前だけ見て、とにかく精いっぱい頑張る
⑧時流に乗って信じて続ける力
⑨気持ちを維持していくバランス感覚
ほかにも、いっぱい、いっぱいあるわぁ」
ということでした。

6 遠距離週末介護生活で舅から学んだこと

私は30代後半の頃、軽い認知症のある舅を、2年間ほど介護していました。

毎週金曜日、料理教室をすませて夕方4時に北九州市の自宅を出発。最寄りの小倉駅から新幹線で岡山駅、在来線に乗り換えて宇野まで行きます。連絡船で瀬戸内海を渡り、高松へ。そこからタクシーに乗って、高松市のはずれの屋島にある舅の家に到着するのは、夜の9時を少し過ぎる頃でした。

舅に〝全盛期に食べていた好物〟を聞いて、それを作ると、楽しい時代を思い出すようでした。特によく作ったのはビーフシチュー。舅が町で買ってきた薄切り牛肉を、くるくる巻いて角切り肉に仕立てました。

幸せな頃の記憶の活性化は、認知症の進行をゆるやかにするともいわれます。10年前の記憶は抜け落ちていても、50年前の〝全盛時代〟は覚えている。認知症の不思議で、ステキなところです。

舅の介護生活は大変ではありましたが、楽しいこともたくさんありました。

私が先に到着して家事をやっていると、夫が出張先から高松まで航空機で飛んで合流してくれたことがあります。舅の家は田舎にあり、町の商店まで行くには自転車に乗らないと間に合いません。ところが、私は自転車に乗れません。夫が自転車をこいで、私が後ろに乗って、買い物に出かけます。中年夫婦が二人乗りをして田舎道を駆けていきました。

また、舅はとても喜び上手な人でした。つれあいを42歳で亡くし、ひとり暮らしが長かったせいか、何を作っても心から喜んでくれました。

「こんなにカボチャをおいしく炊く（煮る）人、おりませんでぇ」と、四国弁で褒めてくれます。クッキーを焼けば、「えぇ、家で焼いたクッキーって、おいしいもんだなぁ」

なんでも喜びを表す姿勢は、人を育てると思います。私自身も育てられ、そして人を育てるときのお手本にもなりました。

7　アメリカ人に日本の家庭料理を教えるコツ

子どもの頃から、料理をすることが大好きでした。実家のお手伝いさんが変わると、母は仕事に出かける前に「わからないことは、この子に聞いてね」といっていたほど。

１９６９年（昭和44年）に、日本人と結婚したアンさんを含むアメリカ人女性11人とドイツ人１人の計12人に料理教室を始めました。そのとき、『かいつまんでいえばこういうこと』と説明するのが上手」と気づきました。

日本の家庭料理の最小公倍数のポイントは３つ。①ご飯②みそ汁③肉や魚のおかず。この３つが揃えば、〝日本の家庭料理〟です。

そして、体を健康に保つことができます。

①ご飯はエネルギーを生み出す炭水化物。しかも、塩分を含みません

②みそ汁には具を入れて煮ます。栄養成分はだしに溶け出ます。豆腐や油揚げなどのた

んぱく質の食材と、小松菜やネギなどの野菜が具になります。汁の量は汁椀に七分目、約１５０㎖です。調味料はみそ、蒸した大豆に米や麦の麹を加えた発酵食品。みそも、植物性たんぱく質食品です

③主菜は、体の基本をつくるたんぱく質の食材、肉や魚、卵を使います。例えば、サバのみそ煮や豚のショウガ焼き、厚焼き卵などです

作り方を説明します。

①米の洗い方を実習し、炊飯器にセット

②みそ汁に進みます。だしの取り方から入り、新宿のみその卸問屋に出かけて1ポンド（４５０ｇ）ずつ購入した、仙台みそ、信州みそ、赤出しみそ、京都の白みそを配り、好きなみそで作ってもらいます

アパート（社宅）の別棟に住むアンさんが訪ねてきました。

「祥子さんは料理が上手だから、コーシャ（旧約聖書の戒律に基づいたユダヤ教の食の規定）のチーズケーキも、レシピがあれば焼けると思うわ。ニューヨークでは買っていたけど、無性に食べたいの。そして、私に教えてね！」

と、アメリカ人の家庭には1冊はあるという料理百科事典の『ｅｎｃｙｃｌｏｐｅｄｉｃ ｃｏｏｋｂｏｏｋ』（ＣＵＬＩＮＡＲＹ ＡＲＴＳ Ｉｎｓｔｉｔｕｔｅ）を貸してくれました。この本を私も持っていれば、英語レシピの勉強になると考え、新宿の紀伊國屋書店に頼んで取り寄せます。

その事典から、アメリカ人のみならず、日本人にも

①レシピはシンプルに書く

②調味料は細かい分量でも正確に記入する

を学びました。そして、

③テキスト用に試作したとき、失敗に終わってもそれは貴重な資料。処分してしまわないで、手元に残す

これらを心に留めて、レシピ作りをしていきました。

8 「頭の中にコンピュータがある」といわれた整理術

1985年、母校、福岡女子大学の非常勤講師になり、「調理用素材面から分類した、使いやすく汎用性のある食品コード」の学術論文などに携わりました。私自身が持つレシピも、文部科学省制定食品成分表の食品コードに合わせて、食材別にバインダーの分類を進めます。

バインダーは、資料、学術データ、レシピ、生、冷、ゆでる、蒸す、煮る、煮込む、焼く、炒める、揚げる、オーブン……と、油を使わずカロリーの低いものから高いものへと調理法が移行し、それぞれが第2食材のインデックスで並んでいます。

最初は、引き出し一杯に貯まった食の切り抜きを、子ども3人が昼寝をしている間や幼稚園に行っている時間に、ルーズリーフ用紙に貼り、見出しをつけて整えていました。他人から見れば紙屑でしかありませんが、私の頭の中に詰められていた情報が整理されていき、おもしろいことでした。

1970年、大分で1冊目のバインダー、コクヨのハ―423を手に入れてから、料理研究家・村上祥子の情報源に発展していきました。

写真家、佐伯義勝（さえきよしかつ）先生に、ある単行本の扉書きにいただいた言葉です。

「村上祥子さんと初めてご一緒に仕事をさせて頂いたのは、今から10年以上も前、コンピュータも今ほどではなく、ファミコンなどもなかった時代でした。お仕事ぶりが、列車のダイヤを組むような感じで進行するんですね。エプロンのポケットに色違いのタイマーが5個も入っていて、それぞれの音で何点かの料理を同時進行で滞りなく調理されているので、びっくりしたことを覚えています。当時、職人的な勘に頼る料理研究家が多かった中で、村上さんの調理のプログラム進行は科学的で実に手際がよく、この業界に新風を吹き込まれたことは大きな意味がありました。今でいえばさしずめ、村上さんのおつむの中にはコンピュータがあったに違いない、と思えるんですよ」。

9 なぜ、ムラカミの資料は大学に寄贈できたのか？

料理の先生になったことで雑誌、新聞、ラジオ、テレビと仕事の枠が広がっていき、大好きな料理が仕事となり、毎日が楽しい。今でも、仕事と遊びに垣根がない感じです。料理研究家として進むと決めたとき、食に関する限り、個人の嗜好は脇へ置くことにしました。食べ物につながるものなら、何でも集めることにします。新聞記事、広告欄、ラーメン屋のチラシ、週刊誌の有名人の対談に出てくるおいしい店の話、紀行文、経済誌の農作物の収穫高の表、栄養学会の報告も取り込み、バインダーに挟みます。

後で、「何のための資料であったか」がわかるように、ポイントに赤を入れる、試験前に、暗記したい文言などにアンダーラインを引く感覚と同じです。年月日、掲載誌(紙)、筆者と、記憶を辿る縁（よすが）となるものを控えることも大切です。

Ａ４サイズにたたみ、30穴の穴あけ機でパンチする場合もあれば、切り抜きなど小さなサイズの資料はＡ４のルーズリーフ用紙に貼って、バインダーに綴じます。このとき、大切なことは左綴じ、縦向きに貼ること。後で調べ物をするとき、頭の向きを変えずに読めるように、という配慮からです。

２０１４年、夫が亡くなり、２０１５年、20年続いた西麻布のスタジオをクローズし、これらの資料を福岡に持ち帰りました。バインダーの数は３１８８冊になっていました。

２０１５年、福岡で開催され、私も出席していた学会で開会の辞を述べられた、公立大学法人福岡女子大学の梶山千里(かじやまちさと)理事長兼学長（当時）に相談をし、２０１６年４月、同大学に寄贈。個人情報が特定できる資料を外すと２２２０冊でした。

文部科学省の七訂食品成分表に合わせ、１年かけてコードを整理し、大学に納品。スタッフ２名を連れ、２日間かけてコード順に棚に納め、村上祥子料理研究資料文庫が開館されました。同大学は、２０２３年４月に開学１００周年を迎え、開学記念事業のひとつとして国際フードスタディセンターが設立されました。その柱のひとつになったのです。約50万点に及ぶ資料やレシピですが、活躍の場を与えることができました。

最後に、なぜ大量の資料の寄贈を受け取ってもらえたのか、大学の教授会の回答です。

「大学関係者が亡くなった後、遺族からの資料の寄贈の申し出は、少なからずあります。村上さんの場合は、資料がすべて整理、ファイリングがすんでおり、即、システム化ができる状態だったので承りました」

10 お礼を申し上げることが人生の道をつけてくれた

1969年から料理教室をやってきました。

生徒さんたちとのやり取りは、もっぱらハガキ。

「郵便局のお隣にお住まいですか？」と、冗談をいわれるほどの手紙魔でした。

殺風景な私の文字だけのハガキでは申し訳ないと、季節の花々を父に水彩で描いてもらっていました。それを、今でも大切にとっておいてくださるかたがいらっしゃいます。

先日、筑豊地方の講演会に出かけた際に、懐かしい1葉を見せていただきました。にっこり笑顔の代わりに、花の絵が描かれたハガキです。

いまや、パソコンのメールに変わりました。

新刊を出していただいた出版社の担当者へ、御礼のメール。ついでに、スタジオを改装したこと、全国の読者からの問い合わせの対応のこと、月刊誌に介護食の連載が始まったことなどを添えます。

「気持ちがたっぷり入ったメールをいただき、ありがとうございます。先生はホントに元気のかたまりですね！〝暮らしを小さくすること〟は、今、ますます求められる生き方ですね。素敵です」

私のメールの〝暮らしを小さくすること〟の言葉を引いての返メールでした。

出版社に発注していた著書が到着すれば、その御礼。

「本社で、フレイル予防セミナー活動が優秀賞をいただきました」

と、私が顧問を務めるメーカーの報告をいただけば、そのお祝いを述べる。

お歳暮が届けば、「品物を受け取りました」の御礼メールとともに「新刊本を別便で送ります」と添えます。

4日間の撮影の間、お昼やおやつが撮影の料理とは別に準備されたことへのお礼のメールもいただきます。

新聞で、『60歳からはラクしておいしい頑張らない台所』を出版していただいた大和書房の創業者、大和岩雄氏のご逝去の報に接すれば、編集長氏にお悔やみのメールを送ります。すると、

「本が人の人生を変える、という強い信念を持っていらしたかたでした」の返メールが。

パソコンを立ち上げれば、世界はつながっている、という感慨にふけります。

御礼を申し上げることが、50年あまりの仕事人生の道をつけてくれました。

11 コロナでステイホーム中の「小さな暮らし」とは

2022年1月、扶桑社よりメールが届きました。各界で活躍しているかたたちへの〝ステイホームについて〟のアンケート調査でした。

私は、既に2007年に「小さな暮らし」に切り替えずみです。というのは、夫・村上啓助(むらかみけいすけ)が70歳で会社を退職し、㈱ムラカミアソシエーツの経理・人事担当に専念することになったときに、身長182㎝の夫が簡便な朝食と夕食を作る(ランチは歩いて、あるいは自転車で行ける範囲の和洋中華の店を利用)キッチン機能を持ったリビングに切り替えました。西麻布スタジオに堂々と出張できるようにという下心もありました。

TOYO KITCHENのショールームに出向き、オールステンレスのシステムキッチンを、シンク側から120㎝で切って作ってもらいました。高さは91㎝です。かつて娘の部屋だった6畳間に、押し入れと出入り口を合わせて7・5畳のリビングキッチンを作ったのです。２０１４年10月以降はひとりで使っています。リビングキッチンにして以来、増やしたものも、減らしたものもありません。キッチンが小さくまとまっていれば、食事も簡単にとることができます。

Ｑ－ａ　〝コロナ禍でステイホーム中〟と、「小さな暮らし」との関係性は？

Ａ－ａ　「小さな暮らし」は、いい換えれば高度成長期に入る前の、米国のマクガバンレポートで「健康で理想的な食事は日本型食生活」と報告された生活です。当時の日本は、生活習慣病の疾病率は低く、少ないものを大切に扱う、今でいうＳＤＧｓに通じる生活をしていました。私自身は、食事が人間の体をつくるという信念で生きています。「小さな暮らし」は日本人の生活の健康度を上げました。関係性は大いにありです。

Ｑ－ｂ　村上先生はおうち時間をどう過ごしましたか？

Ａ－ｂ　私はいつもと変わらぬ日常です。人と会わないだけのことです。月刊誌や新聞の連載の中断はなし。リモートとデータのやり取りで、仕事は支障なく続けました。単行本（書き物）も何冊か作りました。３食の食事は息抜きと楽しみを兼ねています。多めにできたときは、お嫁さんに電話を入れて冷凍庫のスペースを尋ねてから、クール便で発送しました。

12　家庭用冷凍食品を活用して1日5食生活

２０２２年４月20日、日本冷凍食品協会（東京・中央区）が、「２０２１年の家庭用冷凍食品の国内生産量（速報値）は20年比４％増の79万８千トンと、業務用を初めて上回った。家庭用の国内工場出荷額（速報値）も５％増の３９１９億円となり、２年連続で業務用を上回った。家庭用は出荷額、生産数量ともに１９７０年の調査開始以来で過去最高だった」と報じました。

家庭用の出荷額はコロナ前の19年比で24％、数量は15％伸びています。業務用の出荷額が10％、数量が11％減ったのと対照的です。

新型コロナウイルス下で、自宅で食事をする機会が増えて、冷凍食品を活用する習慣が定着したとみられます。ひとりでの食事や間食に食べきりサイズの冷凍食品が取り入れられていることが、数量の伸びにつながったとみられています。

品目別でみると、ギョウザ、ピザ、グラタンなど家庭向けが多く、電子レンジでチンすればすぐに食べられる品目が伸び、調理に手間がかかる冷凍野菜などは落ち込んでいます。

冷凍技術の向上で簡単においしいものが食べられるようになり、特にコロナ下で外食できない状況の中、食事のあり方が大きく変わってきています。

年齢を重ねると「食が細る」といいますが、一度にたくさん食べられないのはシニアに限った話ではありません。赤ちゃんや幼児も同じです。

私は朝昼晩の3回の食事の他に、10時と3時のおやつもいただきます。

冷凍のシューマイ(1個25g)を水にくぐらせ、レンジ対応の器にのせ、ふんわりとラップをし、電子レンジ600W30秒チンでおやつのできあがり。ちょっと酢をつけていただきます。酢のグリコーゲン再生機能が働いて、脳にエネルギーを届けてくれます。

ちなみに、日本栄養士会の2023年のスローガンは〝間食の、すすめ〟です。おひとりさま世代になったら、間食をし、つまみ食いをしながら、すこしずつ栄養を摂取するといいと思います。

13　けいすけおじいちゃん　おたんじょう日　おめでとうございます。

けいすけおじいちゃん
おたんじょう日
おめでとうございます。
さちこおばあちゃん、おとうさん、
おかあさん、りさこはげんきです。
がっこうはたのしいです。こくごのひ
らがなれんしゅうがたのしいです。
こんどおじいちゃんのおうちに
いきます。まっててね。
おじいちゃんだいすきだよ。

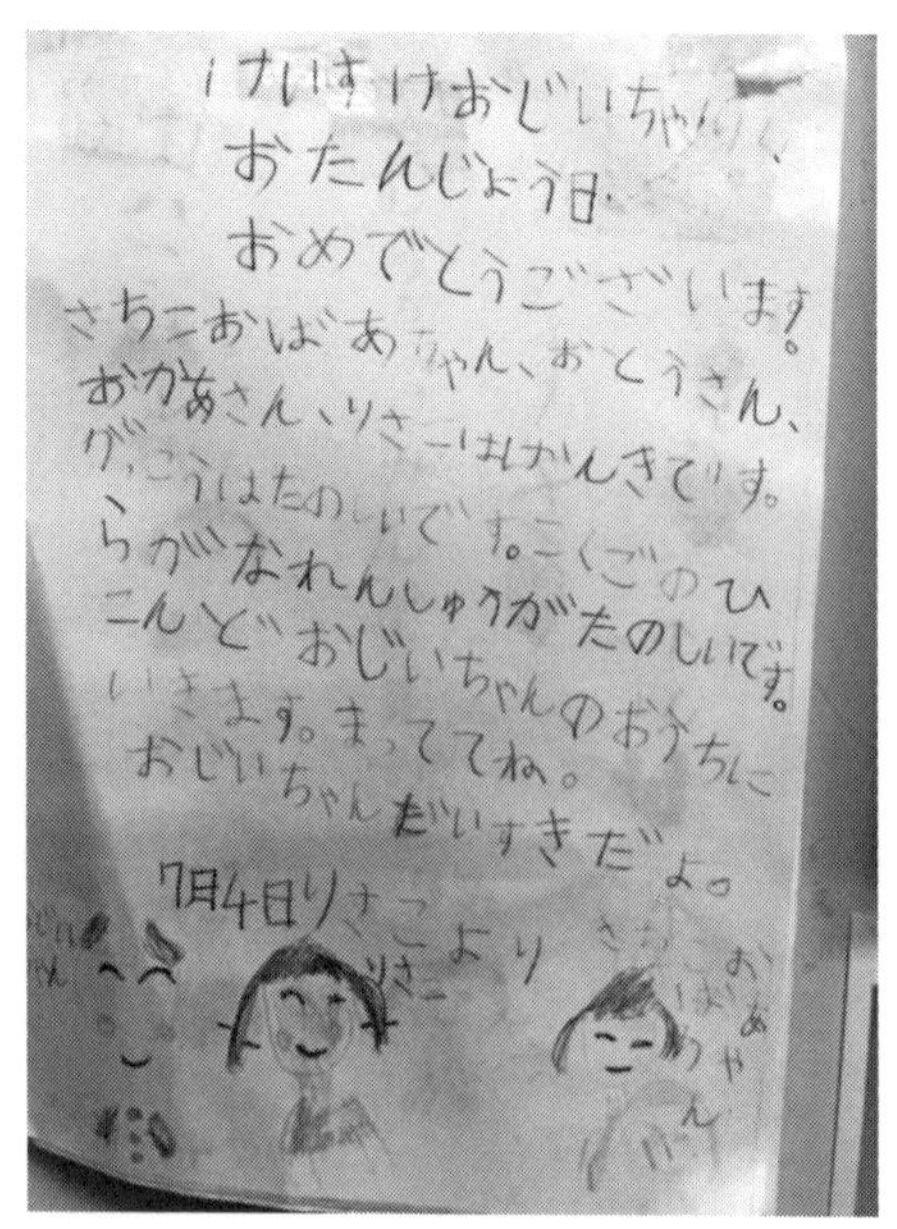
けいすけおじいちゃん
おたんじょう日
おめでとうございます。
さちこおばあちゃん、おとうさん、
おかあさん、りさこはげんきです。
がっこうはたのしいです。こくごのひ
らがなれんしゅうがたのしいです。
こんどおじいちゃんのおうちに
いきます。まっててね。
おじいちゃんだいすきだよ。
7月4日りさこより

7月4日　りさこより

天国のおじいちゃんに、おたんじょう日のお手紙到着。
誰がすすめたわけでもないのに、「おじいちゃんの誕生日の日だね！」のお父さん、お母さんの話から手紙を書いた、と後で聞きました。

これぞ、自分で気持ちを発信する力！
小さな芽生えが育っていくことを願います。

14　これからも人との縁は続いていく

私が30数年間、非常勤講師を務めた大学は、講座メンバー25名。ひとりひとりの顔が覚えられます。講義の際は、前の講義内容について、指名して尋ねます。答えられない場合は「はい、レポート」。学生は次の講義までの1週間、とことん調べて提出です。ネットで調べてコピペはNO。自分で得心したことを、提出するように求めました。

「できないことはない。やったことがないだけ」と、授業で伝えてきました。

2012年、ニューヨークで開かれた農林水産省主催の〝Japanese Food&Sake Collection 2012・日本型食生活の基礎知識〟で講師を務めたとき、私の教え子がメーカーのニューヨーク支店勤務社員の奥さんになっていて、調理デモを助けてもらいました。

後日、日本に帰った私に、「先生のあの授業で努力したことが、今の生活の基盤になっています」というメールが届きました。

おわりに

1972年、30歳のとき、カリフォルニア・アーモンド・クッキングコンテストでグランプリを獲得。告知した女性誌『ミセス』の編集者と、ご褒美のアメリカ旅行へ。帰国後、『ミセス』で料理家デビュー。私の出発点は子どもが3人いる料理上手の主婦。というわけで、〝主婦業ができれば、料理家の仕事はできる〟と思っていました。が、実は大違い。正確に再現する力と、疲れない体力が必要だったのです。

2015年、西麻布のスタジオをクローズ。それまでの20年間は、最終便で福岡空港から羽田へ飛び、深夜、西麻布のスタジオに入る生活でした。スタッフが購入した食材をチェックし、下ごしらえが必要であれば手当をします。翌日の撮影隊と我がスタッフを足した人数分のまかないのランチ、カレーを仕込みます。一晩寝かせるとおいしくなりますから。レシピ原稿を人数分コピーして就寝。朝6時起床。ガレージを掃除し、街路樹に水をまく。スタッフが出勤し、仕事スタート。単行本の撮影なら、2日または3日滞在し、最終便で福岡へ。夜11時近く、自宅に到着。すぐに持ち帰った道具や衣類、原稿などの片づけを始めます。夫に「恐怖の最終便」と呼ばれていました。翌日は非常勤講師を務める大学へ。その翌日から1週間、福岡の料理教室を開催。

私は現在、福岡に住んでいます。東京に毎週通うことで培った人脈で、現在、出版社もテレビ局も、福岡のムラカミスタジオにお越しになります。

東京の出版社から月刊誌の依頼がくると、原稿を届け、確認を取り、料理の撮影。納品日は決まっています。私もカメラマン氏も、夜中の12時になっても仕事を続けます。仕事はおもしろいし、楽しいです。もともと私は終わるまで「あー疲れた」と思うことはありません。30歳のカメラマン氏は「どんなに遅くなっても仕事のスピードが落ちない、リズムも変わらない」と、後日、いいました。

82歳の現在、単行本573冊、出版部数1264万部を超えています。

では、疲れない体はどうやってできるのでしょう。それは私のもつ「食べ力®」おいしく食べて1日元気に過ごすためには、食べすぎも食べ不足もないほうがよいのです。目分量や勘に頼らず、食材の重量を量って食べます。健康のためには、一に計量、二に計量です。私はご飯をまとめ炊きして冷凍していますが、このときも計量します。レンチン可能なふたつきの保存容器に、１５０ｇずつご飯を詰め、ふたをして湯気もキープ。冷めたら冷凍庫へ。これ1個で、脳のエネルギーのもと、糖質52ｇが確保でき、約8時間、脳を働かせることができます。

体重50kgの50代以降の人で、1日の食事でたんぱく質が72〜75ｇ取れればフレイルにならずにすむといわれています。たんぱく質食材に置き換えれば、1食あたり１３０ｇです。冷蔵庫にあった豚薄切り肉とピーマンで、炒め物を作るとします。豚肉を量ると50ｇ。ピーマン2個（60ｇ）と一緒に炒めます。あと80ｇは、冷蔵庫から卵1個を取り出してかき玉汁を作って添えます。そして、6Pチーズ2個をプラス。

おたくのはかりは、針をゼロ点に合わせる台ばかりですか。デジタル式のはかりは便利です。風袋（ふうたい）（皿など）をのせてスイッチオンすると、０「ゼロ」と表示されます。食材をのせると、ただちに重量がわかります。数字が見やすいし、厚みがないので収納場所を取りません。今、アナログ式のはかりを使っているかたは、自分へデジタル式はかりのプレゼントはいかがですか。

実は２０２３年８月14日、スタジオですってんころりと転んで、大腿骨を骨折しました。救急車で運ばれ、即、手術。入院中も、スキムミルクやアマニ油、粉ゼラチンなどを運んでもらって、食事に足しました。

翌日からステッキで歩き、10日で退院。その翌日は納品日が迫っていた堺市教育委員会の動画の撮影。その２日後に大分県竹田市へ講演。その翌日は、神戸と京都のＮＨＫ文化センターへ講習に。以来、毎日せっせと働いています。

食べ物は健康な体をつくります。

皆さま、お元気でお過ごしください。

村上祥子（むらかみ・さちこ）
料理研究家、管理栄養士、福岡女子大学客員教授。1942年、福岡県生まれ。85年より福岡女子大学で栄養指導講座を担当。治療食の開発過程で、油控えめでもひとり分でも短時間でおいしく調理できる電子レンジに着目。以来、研鑽を重ね、電子レンジ調理の第一人者になる。生活習慣病の予防・改善、個食時代のひとり分簡単レシピ、小・中学校や幼稚園・保育園への食育出張授業、シニアの料理教室などに力を注ぐ。「バナナ黒酢®」「たまねぎ氷®」「にんたまジャム®」など、数々の健康を助ける常備食を考案。これまでに出版した著書は570冊以上、合計1200万部を超える。

82歳村上祥子の
人生、ただいま拡大中！
おひとりさまを愉しむ極意

2024年　1月22日　　第1版第1刷発行

著者　村　上　祥　子

発行者　髙　橋　考
発行所　三　和　書　籍
〒112-0013　東京都文京区音羽2-2-2
TEL 03-5395-4630　FAX 03-5395-4632
sanwa@sanwa-co.com
https://www.sanwa-co.com

印刷所／製本　中央精版印刷株式会社

ISBN978-4-86251-534-6 C0077